LA
Doctrine Sociale
DE GRATRY

~~~~~~~~~

THÈSE DE DOCTORAT

présentée à la Faculté des Lettres de Clermont-Ferrand

PAR

B. POINTUD-GUILLEMOT

PARIS
GABRIEL BEAUCHESNE
117, Rue de Rennes

1917

La Doctrine Sociale de Gratry

LA
Doctrine Sociale
DE GRATRY

~~~~~~~~

THÈSE DE DOCTORAT

présentée à la Faculté des Lettres de Clermont - Ferrand

PAR

B. POINTUD-GUILLEMOT

PARIS
GABRIEL BEAUCHESNE
117, Rue de Rennes

—

1917

CHAPITRE PREMIER

La loi de l'histoire

Parmi les philosophes qui, au milieu du siècle dernier, se préoccupèrent de l'état de la société humaine, de ses progrès et des moyens de les réaliser, l'un des plus ardents à poursuivre la solution des graves problèmes qui se rattachent à ces questions complexes fut le P. Gratry.

Esprit pénétrant, au vol hardi ; cœur généreux, élevé, passionné pour le bien de l'humanité, il a compris toute l'importance de la sociologie, destinée à influencer l'orientation des individus et des peuples, et, par suite, à déterminer dans une large mesure leur valeur morale et leur bonheur. Aussi, les études sociales tiennent-elles dans ses sollicitudes une place considérable.

En 1848, il donne sa première publication, *Le catéchisme social* ou *Demandes et Réponses sur les devoirs sociaux*, réimprimée en 1871 sous un titre nouveau : *Les Sources de la Régénération sociale.* C'est à l'étude des lois qui régissent l'évolution de la société humaine qu'il consacre l'un de ses derniers livres : *La Morale et la loi de l'Histoire* (1868). Et entre ces deux termes extrêmes de sa carrière d'écrivain, non seulement il expose volontiers ses vues sociales au cours de plusieurs de ses ouvrages, *Les Commentaires sur l'Evangile selon saint Mathieu* (1863-1865) ; *les Sources,*

seconde partie (1862) ; la biographie d'*Henri Perreyve* (1866) (1),
— mais il consacre à certaines d'entre elles son livre de *la Paix*
(1861).

Les problèmes sociaux, on le sait, acquièrent au xixe siècle une
importance de plus en plus grande et excitent de plus en plus
l'attention. Le xviiie siècle avait spéculé passionnément sur l'ordre social, et il avait donné à l'économie politique, à peine
ébauchée, un puissant essor. Le xixe siècle continue ce mouvement de la pensée qui la porte vers l'étude de la société
et des lois de son progrès. Des économistes s'inquiètent des
causes de la richesse des nations. Quesnay, Gournay, Turgot,
Ad. Smith, avaient recherché les conditions de la prospérité
matérielle des peuples ; J.-B. Say, Sismondi, Bastiat, Du-
noyer, Ricardo, Rossi, L. Reybaud, Baudrillart, Le Play...,
s'adonnent à leur tour à cette science de l'économie politique
si difficile et si grave. D'autres ne s'intéressent pas seulement
à la richesse, mais à tout l'ordre social, comme l'avaient
fait Helvétius, Montesquieu, Voltaire, Rousseau, Condorcet...
Saint-Simon soutient un socialisme rigide et autoritaire, dont
s'inspirera la politique du positivisme. Fourier, Proudhon, Cabet,
P. Leroux, Considérant, L. Blanc, ont des doctrines socialistes
ou même anarchistes. La philosophie de Comte se propose pour
sommet la science sociale, la sociologie. Ce mouvement si intense
n'est pas borné à la France. En Angleterre, Stuart Mill, H. Spencer émettent des théories sur la société ; Karl Marx et F. Lassalle
propagent en Allemagne les idées socialistes.

C'est que les changements économiques et sociaux, les conditions nouvelles du travail et des classes ouvrières, le développement de l'industrie, la puissance croissante des machines, posent
d'une manière plus pressante la question sociale, en même temps
que la diffusion des livres et des journaux, la facilité des communications permettent aux problèmes qu'elle soulève et aux solu-
tions qu'on propose d'être plus largement connus et discutés.

En orientant ses réflexions, ses labeurs, vers la philosophie
sociale, Gratry suit ce puissant courant qui entraîne la pensée
contemporaine à l'étude de la science la plus complexe et la plus

---

(1) V. aussi : *Mois de Marie de l'Immaculée Conception*, 1859. — *Méditations inédites*, ouvrage posthume.

délicate, celle de la société humaine. Mais il n'obéit pas seulement
à une influence qui pénètre toute l'atmosphère intellectuelle du
XIXᵉ siècle. Il est encore attiré à ces spéculations par le penchant
le plus intime de sa nature, par la tendresse de son âme, par l'ex-
quise sensibilité de son cœur.

Il a raconté, dans les *Souvenirs de ma Jeunesse*, comment la
vie, la joie lui revinrent après quatre ou cinq mois de mortelles
souffrances morales, d'amères tristesses et de découragement.
La vie lui revint, dit-il (1), sous forme d'amour, sous forme
d'amour du prochain. Pendant des jours, il se plaît à contempler
une douce vision qui le remplit d'une allégresse indomptable
et d'une espérance inflexible : c'est celle d'une ville « dont tous
les habitants s'aimaient », où « tous se rencontraient avec joie,
connus ou inconnus, et où tous voyaient en tous des frères, des
sœurs, de même cœur, de même âme, de même sang » (2).

Mais, lorsqu'il regarde la foule humaine, il la voit bien loin du
calme bonheur de cette cité idéale. Il y a des pauvres, des captifs,
des affamés qui gémissent et qui souffrent ; l'humanité se débat
dans la douleur, dans les discordes et les haines, dans les larmes
et dans le sang. Une infinie pitié saisit le cœur de ce jeune homme
de vingt ans, qui aime les hommes en esprit et en vérité, et qui
considère avec un ardent amour toute la terre. « Il enveloppe
d'une immense compassion les plus souffrants et les plus sombres,
et il lui est tout à fait impossible de concevoir comment on peut
employer sa vie à autre chose qu'à sauver des ténèbres et à conduire à la vie, au bonheur, à l'amour et à la beauté, tous ces êtres
humains si chétifs et si tristes, mais capables pourtant de devenir
si beaux, si lumineux, si heureux et si grands » (3).

Désormais, il sera de toutes ses forces « un ouvrier de paix et de
concorde, travaillant à dissiper les malentendus, à rapprocher,
à unir les enfants de Dieu dans la vérité et dans l'amour » (4).
Sa tendre pitié pour les souffrances du monde lui inspire l'espoir
et la volonté de les guérir.

L'espoir qui soutient sa volonté s'appuie d'ailleurs sur les motifs que lui découvre sa raison, et non pas seulement sur les ardents

---

(1) *Souvenirs de ma jeunesse*, p. 114.
(2) *Souvenirs de ma jeunesse*, p. 116.
(3) *Henri Perreyve*, p. 93.
(4) CHAUVIN, le *P. Gratry*, p. 415.

désirs de son cœur. Aussi parle-t-il de la science de l'espérance ; c'est ainsi qu'il nomme la science de la loi de l'histoire, la connaissance des normes du progrès humain.

Les vues sociales de Gratry sont en effet inspirées par l'idée de progrès, si familière aux esprits modernes, si étrangère aux conceptions antiques. Tout près de son berceau, l'humanité semble hantée par le souvenir d'une déchéance. Les poètes placent l'âge d'or dans des temps reculés ; l'âge de bronze, puis l'âge de fer, lui succèdent, comme si le monde allait s'éloignant peu à peu du bonheur vers la peine, la lutte, la douleur. « L'homme est un dieu tombé, qui se souvient des cieux. » Le point culminant de sa destinée n'est pas en avant, dans les lointains de l'avenir ; il est en arrière, dans les ombres du passé. Bien loin donc de juger le présent meilleur que les temps écoulés, on pense volontiers comme Horace :

Aetas parentum, pejor avis, tulit
Nos nequiores, mox daturos
Progeniem vitiosiorem (1).

C'est l'idée de décadence qui règne et non pas celle de progrès, si celle-ci arrive à se former dans quelques esprits (2), elle ne s'étend pas et n'exerce aucune influence.

Le christianisme, en tournant les regards des hommes vers le Royaume des cieux qu'il leur promet, en les excitant à le chercher, à le conquérir, les invite à l'espérance. Désormais, si le souvenir de la chute demeure, la croyance à un relèvement vient inspirer les énergies de l'homme. Il compte sur un développement possible, sur une exaltation future, fruit de ses efforts et de l'aide divine ; l'idée de progrès commence par celle de cette croissance morale et spirituelle, couronnée par un éternel bonheur. Elle devait se développer à mesure que l'homme, par ses conquêtes sur la nature, s'assurait de son propre pouvoir, à mesure que les gains intellectuels et matériels de chaque génération furent plus aisément conservés, plus facilement transmis. Et saint Augustin remarque cette éducation continue de l'humanité, ce lent enrichissement auquel chaque siècle contribue : « L'espèce humaine,

---

(1) *Ode* vi, lib. iii.
(2) Chez Platon surtout. Les vues exposées dans la République sont inspirées par l'espérance du progrès de l'humanité.

dit-il, représentée par le peuple de Dieu, peut-être assimilée à un seul homme dont l'éducation se fait par degrés » (1).

Pascal devait dire à son tour « que toute la suite des hommes, pendant le cours de tant de siècles, doit être considérée comme un même homme qui subsiste toujours et qui apprend continuellement ». Et cette question du progrès fait le fonds de la fameuse querelle entre les anciens et les modernes, qui ébranle le culte de l'antiquité transmis par la Renaissance.

Cependant, ce n'est guère qu'au XVIIIe siècle que l'on ajoute à la préoccupation du progrès intellectuel, littéraire, scientifique ou moral, celle du progrès social. Ainsi, l'idée de progrès se complète et, en même temps, croît en importance ; elle inspire les doctrines les plus chimériques et les plus sages efforts. Les pessimistes, évidemment, s'y montrent rebelles ; pour eux, la suite des temps ne peut apporter à l'humanité qu'une suite-de déceptions et de douleurs ; Hartman rêve, non pas d'un effort soutenu vers le mieux, mais d'un suicide cosmique. En revanche Hégel, Schelling, Darwin, et tous les philosophes évolutionnistes, font de l'idée de progrès l'essence de leurs doctrines. La loi du progrès leur semble nécessaire, fatale ; elle embrasse l'univers. Celui-ci s'épanouit en formes de plus en plus perfectionnées et l'homme même, c'est Dieu qui se fait.

Gratry ne prend pas rang, est-il besoin de le dire, parmi les pessimistes ; il n'admet pas non plus une évolution continue qui doit fatalement conduire l'humanité à des états toujours plus parfaits. Le terme qui convient pour qualifier sa doctrine du progrès est celui de « mélioriste », imaginé par George Eliot (2). Il croit, en effet, que l'humanité est perfectible, qu'elle peut acquérir plus de lumière, plus de bonheur, plus de valeur morale. Mais ce progrès lui apparaît l'œuvre de l'homme raisonnable et libre aussi bien que l'œuvre de Dieu. En des pages délicieuses du livre de la *Paix*, qu'il faut citer parce qu'il est impossible d'en analyser le charme de poésie, d'émotion, de sincérité, dans ces pages où Gratry exprime tour à tour ses craintes et ses espoirs, il montre comment il a été conduit, par ce spectacle du monde, à concevoir que Dieu voulait bien réellement le progrès. Il a d'abord comparé

---

(1) *Cité de Dieu*, X, 14.
(2) Life and letters.

tristement le réveil de la terre sous le chaud soleil de printemps qui fait s'épanouir la vie, à la langueur morne des âmes qui ne savent pas s'ouvrir sous le souffle de Dieu. « Le globe terrestre flottait dans la lumière de son soleil. Le matin se levait sur l'Europe et c'était un jour de printemps. Une vapeur blanche et fraîche couvrait les plaines, et les hommes marchaient avec joie dans la brume, car ils sentaient que le soleil gagnait en force et qu'il allait régner. Le printemps commençait à peine : peu d'arbres étaient verts et transparents sous leur frêle verdure ; d'autres commençaient à rougir, presque tous encore étaient noirs. Il y avait encore beaucoup d'eau sur la terre et quelque neige ; mais l'eau déjà tournait en sève et gonflait les racines des plantes et les bourgeons prêts à s'ouvrir.

« Mon cœur aussi se gonflait de sève et s'emplissait de larmes en voyant la vie revenir. Mais, ô mon Dieu ! disait mon âme, me ferez-vous assister toujours, jusqu'à la dernière année de ma vie, à ce retour périodique du globe vers la lumière et ne serai-je jamais témoin, selon l'indomptable espérance de ma jeunesse, d'un retour des âmes vers la paix, vers la sérénité, vers vous, ô Dieu fécondateur, béatificateur des âmes ! La terre, malgré ses ouragans et ses tempêtes, a plus de calme que les âmes ; et vos enfants, ô Dieu ! ceux même qui marchent dans votre lumière, ne savent pas encore aussi bien que les plantes, les forêts, les campagnes, tirer de vos rayons la force et la beauté, l'amour et la fécondité.

» Notre terre tressaille de joie, sous l'été qui revient, mais les hommes ne tressaillent point. Le cœur du genre humain, sous votre ardeur divine, ô notre Père ! persiste à battre languissamment et tristement, comme un cœur presque éteint.

» Aussi, mon Dieu, rien de nouveau sous le soleil. Les saisons vont et viennent comme aux premières années du monde et les hommes n'avancent pas » (1).

Mais, dans la nature, il y a autre chose qu'un retour périodique des saisons ; il y a un changement, un développement graduel qui prouve que Dieu a ordonné toutes choses en vue d'une perpétuelle croissance : « Autant peut-être nous voyons d'hommes naître et mourir sur notre terre, autant et plus encore Dieu fait éclore de mondes au sein de l'univers et en laisse mourir d'autres lorsqu'ils ont achevé leur course ! Il y a donc du changement et

_____

(1) *La Paix*, pp. 3-4.

d'étranges nouveautés dans le ciel. Il n'y a pas seulement une pure circulation des astres. Il y a le passage des germes au développement et le progrès des êtres imparfaits vers leur consommation. Dieu crée, développe, achève, consomme les mondes et les soleils, comme nos corps, comme les âmes des saints. Le genre humain, lui aussi, ne peut-il donc croître et se développer dans la justice et dans la vérité ?

« Je me souvins alors que notre terre entière n'avait été qu'un germe nébuleux, qu'elle avait été vide et vaine ; qu'ensuite elle était devenue volcan, puis océan, puis rocher couvert d'eau, puis marécage plein de forêts, puis désert rempli d'animaux, et puis ce jardin rempli d'hommes que nous voyons.

» Et je sais, ô mon Dieu ! que votre bouche a commandé tous ces progrès, et que votre puissance les a faits. La plante ne s'est point déduite du rocher, ni l'animal n'est sorti de la plante, ni l'homme intelligent et libre ne s'est tiré de l'animal. Vous seul, ô Dieu ! faites les progrès, vous seul opérez les élans par votre parole créatrice » (1).

Si cette évolution du monde physique montre que le Dieu qui l'a créé le dirige vers un développement croissant, le progrès humain diffère du progrès de l'univers, car il comprend un élément nouveau : la liberté de l'homme. « Ceux qui voient dans l'histoire un progrès nécessaire et fatal, ne distinguent pas le libre développement des âmes du développement d'une plante qui pousse. D'ailleurs, la plante peut être écrasée du dehors, ou rongée au dedans par un ver. L'humanité, aussi bien que chaque âme, peut trouver dans sa liberté l'obstacle qui écrase ou le ver qui dévore... Il dépend de nous de perdre ou de sauver le monde » (2).

L'humanité n'est donc pas entraînée dans une ascension triomphante à un développement infini. Elle peut, si elle le veut, s'élever sans cesse vers un avenir de justice, d'ordre et de paix ; elle peut devenir et plus parfaite et plus heureuse, mais c'est par son volontaire consentement à la loi, par l'observation courageuse de cette loi du progrès que Gratry appelle la loi de l'histoire.

En effet : « la vie du genre humain, comme celle des astres, est soumise à sa loi. Les astres obéissent d'une obéissance néces-

_____

(1) *La Paix*, pp. 5-6.
(2) *La Paix*, p. 25.

saire, l'homme obéit d'une obéissance libre... Il peut lutter contre
la loi vivante et la force immanente qui l'inspire et qui le dirige.
Il peut choisir. Il peut triompher sous la loi, ou se briser contre la
loi. Mais la loi règne, soit qu'elle brise, soit qu'elle glorifie l'être
libre dont elle est la reine » (1). Et c'est pourquoi, malgré les ca-
prices de l'homme et l'intervention de sa volonté libre, il est possible de découvrir et d'étudier la loi de l'histoire. Au milieu des
vicissitudes déconcertantes des choses humaines, la loi règne
toujours, « comme l'attraction règne toujours à travers tout ce
qu'on a nommé *perturbation :* chaque détail de perturbation est
un effet régulier de la loi » (2).

Quelle est donc cette loi de l'histoire contre laquelle peut se
briser l'humanité et qu'elle doit accepter pour aller de progrès
en progrès ? Cette loi, qui gouverne les sociétés, s'adresse, non
pas à la multitude comme telle, mais à chaque homme ; elle n'est
pas une règle extérieure à laquelle il faut conformer certains actes
en vue de maintenir l'ordre ; elle se propose à la raison et à la volonté humaine ; elle a pour but de régir d'abord l'intime de l'âme ;
mais, individuelle et intérieure, elle est en même temps universelle et pratique. Après avoir établi son règne dans le cœur de
l'homme, elle rayonne au dehors, elle dirige sa conduite ; après
avoir fait de lui d'abord un être moral, elle en fait par là même
un être éminemment social. Cette loi morale, qui est la loi de l'histoire, Gratry la résume en une courte formule qu'il emprunte à
l'Evangile : « Tout ce que vous voulez que les hommes fassent pour
vous, faites-le pour eux, *omnia ergo quaecumque vullis ut faciant
vobis homines, et vos facite illis* » (3).

Et, remarquons-le ici, avant de discuter ailleurs la valeur et les
conséquences de cette maxime, il ne faut pas voir en elle une règle
d'intérêt personnel bien entendu. Elle convie à traiter autrui
comme l'on voudrait être traité soi-même, dans les mêmes circonstances, non pour se ménager le bon vouloir du prochain,
mais parce que cette substitution idéale de personne qu'elle nous
invite à faire nous rendra plus sensible notre devoir. Combien nous
sommes clairvoyants, en effet, lorsque nous sommes en cause ;

---

(1) *La morale et la loi de l'histoire,* 1, pp. 4-5.
(2) *La morale et la loi de l'Histoire,* 1, pp. 4-5.
(3) MATTH. VII, 12. — *La Morale et la loi de l'Histoire,* 1, p. 6.

comme nous savons bien ce qu'il nous faut, ce qu'on nous doit. Nous devons pratiquer cette clairvoyance à l'égard des autres, et, pour cela, les aimer comme nous nous aimons nous-mêmes, savoir nous mettre à leur place par une sympathie généreuse, et agir en conséquence. La maxime qui représente pour Gratry l'expression du suprême devoir des hommes à l'égard les uns des autres n'est donc pas égoïste et intéressée. Si elle est favorable à l'intérêt particulier comme à l'intérêt général, ce n'est pas qu'elle assigne l'un ou l'autre comme but suprême à la conduite de l'homme ; c'est que le bien de l'individu et de la société dépend nécessairement de la poursuite de l'idéal moral que cette formule propose.

Cette loi première et supérieure, loi de la cause, a pour conséquence des lois secondaires qui sont étroitement liées à elle comme ses effets. Elles décrivent les différentes phases du développement des phénomènes qui résultent de l'obéissance à la première loi, à laquelle Gratry se décide de réserver le nom de loi morale, tandis qu'il applique celui de loi de l'histoire à celle qui détermine les moments du progrès. Ces moments sont au nombre de trois : demeurer dans la loi, puis connaître la vérité, puis aller à la liberté. Et la loi de l'histoire proprement dite s'énonce ainsi : Si vous demeurez dans la loi, vous connaîtrez la vérité, et par la vérité vous irez à la liberté » (1).

» Telles sont la nature et la forme du progrès de l'histoire. Par la soumission à la loi, soumission qui suppose déjà la possession implicite et de la vérité et de la liberté, l'homme ira vers la connaissance claire, scientifique et savante de la vérité, et par la claire connaissance de la vérité, au développement efficace de la liberté » (2). Au contraire, si l'homme sort de la loi, il recule vers les ténèbres et va, par les ténèbres, à l'esclavage.

La loi morale domine donc tout le mouvement du progrès et le produit en conduisant les esprits à la lumière et, par la lumière, à la liberté. L'avènement de la liberté marque la phase ultime de ce progrès de l'humanité. Mais, qu'est-ce que Gratry entend par liberté ? « C'est le développement des forces sous la loi » (3). Ce

(1) La Morale et la loi de l'Histoire, 1, p. 7. — JOAN. VIII, 31, 32.
(2) La Morale et la loi de l'Histoire, 1, p. 9.
(3) La Morale et la loi de l'Histoire, 1, p. 255.

n'est pas la possibilité de tout faire, même le mal ; la liberté consiste dans l'affranchissement de tout ce qui entrave la vie pleine
et harmonieuse de l'homme ; elle le délivre autant que possible
des sujétions extérieures, de la tyrannie de la nature et des hommes, comme de l'esclavage de ses propres passions : « La liberté en
tout ordre de choses, c'est l'emploi juste et vrai des forces » (1).

Mais l'humanité n'arrive pas d'un seul effort à la liberté la plus
grande. L'homme vit dans trois mondes ; il est en rapport avec
le monde de la nature, avec le monde propre de l'homme, qui est
la société, et le monde suprême, qui est Dieu (2). Le progrès, suivant le rythme de sa loi, se produit dans ces trois mondes. L'homme, en chacun des trois, s'il demeure dans la justice, arrive à la
connaissance de la vérité et, par la vérité, il parvient à la liberté.
Evidemment, des devoirs différents découlent des rapports de
l'homme avec chacun des mondes où il vit ; la justice revêt une
forme spéciale suivant qu'elle s'accomplit à l'égard de la nature,
à l'égard de la société ou à l'égard de Dieu. Gratry emprunte à
l'Ecriture sainte l'énoncé de chacun de ces grands devoirs : « Croissez et multipliez, et remplissez la terre et domptez-la » (3) ; tel est,
vis à vis de la nature, le devoir de l'humanité.

« Disposer le globe terrestre dans l'ordre et la justice », c'est
le devoir social (4).

« Cherchez d'abord le royaume de Dieu et sa justice et tout
le reste vous sera donné par surcroît » (5), c'est l'expression du
devoir envers Dieu ; il comprend les deux autres.

Comme l'homme vit à la fois dans les trois mondes, ces devoirs
s'imposent à lui constamment. Gratry ne manque pas de remarquer les liens étroits qui les unissent, leur influence continuelle
et réciproque. « Dès que l'homme se met à son premier devoir,
l'expérience lui apprend qu'il ne peut pas le remplir s'il ne remplit
pas le second. L'homme ne peut pas couvrir la terre et la dompter,
s'il ne dispose le globe dans l'ordre et la justice. Et il ne peut que
commencer ces deux grandes entreprises, il ne peut les pousser

---

(1) *La Morale et la loi de l'Histoire*, I, p. 317.
(2) *La Morale et la loi de l'Histoire*, I, p. 10.
(3) *Gen.* I, 28.
(4) *Sap.* IX, 3.
(5) MATTH., XI, p. 33.

à bout, s'il n'accomplit pas la troisième, s'il ne cherche pas avant
tout le royaume et la justice de Dieu, s'il ne trouve en Dieu même
le point d'appui de son effort » (1).

Mais parce que l'homme, au milieu de difficultés multiples et
avec une activité bornée, ne saurait accomplir à la fois les trois
grands ouvrages qui sont proposés à son travail, il s'applique
successivement à chacun. « Il essaye de dompter la terre, puis,
pour la dompter, il essaye d'établir la justice : puis, pour établir
la justice, entreprise plus difficile encore que la première, il a recours à Dieu. Puis, il recommence son travail, et pour dompter
la terre et pour établir la justice » (2).

Ainsi, les obstacles rencontrés dans l'accomplissement de chaque devoir, en même temps que les progrès obtenus, conduisent
l'homme à se préoccuper de la réalisation de sa tâche vis à vis
d'un ordre supérieur. Chacun des grands devoirs conduit à la pratique de l'autre, dont il proclame l'urgence. Ils se servent en même
temps de points d'appui et d'auxiliaires ; et, bien que jamais ni
les uns ni les autres ne soient abolis, ils revêtent tour à tour un
plus grand relief, une importance plus considérable, une oppor-
tunité particulière. Et, par exemple, « n'est-il pas visible que la
lutte contre la nature pour la dompter est le commencement
nécessaire du travail ? » (3).

La préoccupation des besoins matériels est d'abord dominante,
pressante. L'homme doit se défendre contre les dangers qui le
menacent et arracher à la nature la nourriture quotidienne. Et
lorsqu'il a remporté, par son adresse et son intelligence, ses premiers triomphes sur le monde physique, il comprend que ses conquêtes ne peuvent être assurées et développées sans l'établissement
d'une union plus grande avec ses semblables ; il voit que, pour
être vraiment vainqueur de la nature, il doit allier ses forces à
celles de ceux qu'il a peut-être longtemps considérés comme ses
ennemis. La vie sociale se fortifie ; mais, lorsqu'elle a progressé,
l'homme, toujours plus ambitieux à mesure que son œuvre avance,
sent plus vivement et plus profondément le besoin d'une plus
haute perfection, le besoin de Dieu.

---

(1) *La Morale et la loi de l'Histoire*, 1, p. 298.
(2) *La Morale et la loi de l'Histoire*, 1, p. 298.
(3) *La Morale et la loi de l'Histoire*, 1, p. 13.

Ces trois périodes ne se produisent pas successivement une fois pour toutes ; elles ne marquent pas trois étapes définitives de la marche de l'humanité, comme le fait la loi des trois états d'Auguste Comte. Elles s'engendrent à nouveau et se succèdent dans le même ordre ; elles forment « les trois âges réels de l'histoire ». Gratry les oppose aux âges de Vico, qui a eu le tort, selon lui, de se placer uniquement au point de vue politique et de négliger l'ensemble de la vie humaine. Ces âges reviennent constamment dans la suite des temps, cercles récurrents par lesquels l'histoire s'avance, selon le beau mot de Tacite : *Nisi forte rebus inest quidam velut orbis.* « Mais ces périodes récurrentes ne recommencent qu'en s'élevant toujours et en se résumant. Elles vont en réduisant toujours le labeur de chaque cercle, tout en agrandissant, à chaque pas, l'horizon : comme ces routes en spirale qui s'élèvent de la plaine au sommet des montagnes » (1). Et, à mesure que les périodes recommencent, nous avançons vers la pénétration mutuelle des cercles et des travaux, vers une harmonie plus grande des efforts rendus plus libres et plus puissants par suite des résultats déjà acquis.

On le voit, Gratry ne désigne pas chacune des époques qu'il distingue par son caractère exclusif, mais par son caractère dominant. Il ne prétend pas que, même au début de l'histoire humaine, le souci de dompter la nature ne laisse place à aucune vie sociale ou religieuse. Evidemment, la suite de ses théories le montre, il admet qu'il y a alors des groupements humains : la famille, la tribu ; les hommes rendent un culte à un être ou à des êtres divins. Mais, ce que veut dire Gratry, c'est que l'âpreté de la lutte quotidienne pour la vie matérielle caractérise cette époque.

D'ailleurs, sous le grand courant de chaque âge s'agitent des courants secondaires qui arriveront à la lumière à leur tour. La conquête d'un certain progrès semble absorber l'activité d'une période, et, cependant, des progrès différents ont déjà commencé, humblement, d'une manière restreinte ou timide, avec des arrêts, des reculs parfois ; mais, lorsqu'ils s'épanouiront enfin d'une manière visible, ils auront été préparés par ces longs et patients efforts,

---

(1) *La Morale et la loi de l'Histoire*, 1, p. 298.

par cette fermentation cachée. Gratry, il est vrai, ne signale pas cette vie souterraine qui, à chaque époque, prépare les époques suivantes, non moins que ne le font les progrès réalisés et les obstacles reconnus. C'est qu'il veut mettre dans un relief plus puissant les grandes phases de la marche de l'humanité ; il les présente avec leur trait principal qu'il distingue de l'ensemble complexe, confus et variable des traits secondaires.

Mais, de ces lois ainsi dégagées, se préoccupe-t-il de donner une véritable démonstration ? Il affirme que la raison les approuve et les trouve fondées sur l'expérience. Ne voit-on pas, en effet, que la pratique du devoir prépare l'esprit à l'intelligence de la vérité et que la connaissance de la vérité produit la liberté, parce qu'elle indique les obstacles et les moyens d'en triompher, en même temps qu'elle engendre l'amour raisonnable et libre de la justice, qui est la loi suprême. L'histoire, d'ailleurs, ne montre-t-elle pas la succession des cercles récurrents, et cela clairement, dans les temps voisins de nous, mieux connus par conséquent ? Ainsi, au XIIe siècle (1) se produit nettement un puissant mouvement de pensée publique, tel que le monde n'en avait jamais vu ; on s'efforce de sortir du chaos barbare et de commencer la vie sociale moderne. Puis, au siècle suivant, l'effort moral et social est suivi d'une grande lumière théologique et philosophique. A la suite, commence l'ère scientifique du genre humain, le plus brillant et le plus important des cercles du progrès, à l'égard de la nature, parcouru jusqu'alors. Cette ère prépare une période sociale qui peut être, elle aussi, remarquable et féconde. « La science, après avoir saisi la loi du monde physique, saisit la loi du monde social, et va répandre plus de lumière utile, plus de force applicable au bien des hommes que n'a pu faire la science du monde des corps » (2).

Peut-être est-il permis de penser que, pour vérifier ces lois, on devrait en chercher la manifestation dans tout le cours de l'histoire ? Il faut avouer que Gratry ne se livre pas à cette minutieuse analyse. Il n'examine pas l'histoire humaine dès ses débuts, mais à partir de l'avènement du christianisme qui commence une ère nouvelle, parce que l'Evangile apporte à l'humanité l'expres-

(1) V. La Morale et la loi de l'Histoire, I, p. 204 ; II, p. 14.
(2) La Morale et la loi de l'Histoire, I, p. 205.

sion la plus parfaite de la loi morale et lui apprend la pratique plus entière de la justice, sans laquelle le progrès véritable ne saurait avoir lieu. Il ne dit rien des différentes phases du progrès pendant les dix premiers siècles de l'ère chrétienne, comme s'il en trouvait seulement au moyen âge les exemples les plus nets et les plus graves. Aussi, on ne saurait le nier, la méthode par laquelle Gratry établit ses lois ne peut être appelée une méthode d'expérience. Ses investigations trop restreintes laissent en dehors d'elles trop de faits et semblent s'arrêter seulement à ceux qui sont favorables à la thèse qu'il affirme plutôt qu'il ne la prouve.

Mais, quoiqu'il en soit de la rigueur de la loi des récurrences, ce qu'il importe surtout de remarquer, c'est l'opinion de Gratry au sujet des différents genres de progrès et de leurs rapports. Ces rapports ont été jugés très diversement par les penseurs. Les uns ont considéré surtout le progrès matériel et scientifique et ont trouvé dans le triomphe de l'homme sur la nature le caractère le plus important de la civilisation. D'autres ont estimé le progrès matériel comme un obstacle au progrès moral, qui constituait à leur yeux le véritable et unique développement de l'humanité. D'autres, enfin, se sont défiés de la vie religieuse et ont vu dans son essor, non pas un avancement, mais un recul. Gratry dépasse ces idées étroites et partielles ; il critique ceux qui ne veulent pas s'élever au-dessus d'une conception purement scientifique de l'univers et rejettent tout ce qui domine les lois physiques et la vie matérielle, ceux qui sont dans ce qu'il appelle « l'état métallique de l'esprit » (1). Il réfute vigoureusement Buckle (2), qui s'enferme dans le déterminisme et affirme (3) que la morale, comme la religion, ne sert pas aux progrès de la civilisation ; la science seule est utile. Pour Gratry, il a compris que tout progrès en un sens, loin d'en exclure d'autres et de constituer à lui seul le développement de l'humanité, devait se compléter d'autres progrès qu'il était destiné à aider, en même temps qu'il était aidé par eux. Ainsi, le progrès matériel, loin de se suffire, appelle le progrès social et le progrès moral, et ceux-ci réclament le progrès religieux. Et ce progrès matériel, loin d'être

---

(1) *La Morale et la loi de l'Histoire*, i, p. 47.
(2) *La Morale et la loi de l'Histoire*, i, pp. 33 à 45.
(3) *Histoire de la civilisation en Angleterre*.

un obstacle à la pratique du devoir, à la justice sociale, est un moyen d'y parvenir. En affranchissant l'homme de la nécessité d'une lutte continuelle contre la nature, il le prépare à l'intelligence et au besoin d'une vie sociale plus intense, plus ordonnée, plus juste. De même, le progrès religieux, loin de s'opposer au progrès matériel et social, est une source de développements dans ces ordres de vie, parce qu'il donne à l'homme des forces nouvelles, en même temps qu'un goût plus vif pour la pratique de la loi morale, source de tout progrès.

C'est en effet l'idée de justice morale qui domine toute cette théorie de la dynamique du progrès. Celui-ci est l'œuvre de l'homme en ce sens qu'il réclame, pour se réaliser, le labeur, les efforts de l'humanité. Mais encore faut-il que ces labeurs s'accomplissent dans le respect de la loi morale. La transgression de la loi rompt les rapports et les harmonies des divers ordres de progrès ; elle les oppose les uns aux autres ; elle transforme en dangers, en périls pour l'humanité les plus brillantes conquêtes.

L'homme est donc l'agent du progrès, pourvu qu'il se soumette à la loi, qu'il travaille, non pas avec un égoisme hostile, non pas pour lui seulement, mais aussi pour ses semblables. Alors, cette condition remplie, il ne lui est demandé que son travail. Le travail est l'essentiel et primitif devoir de l'homme ; on peut dire que c'est son unique devoir. En effet : « Il doit travailler pour dompter la terre ; puis, à l'égard de ses frères, le travail c'est la justice, rude et noble labeur ; le travail à l'égard de Dieu, c'est la religion, travail béni, source des forces » (1).

Mais, lorsque Gratry dit que le travail est la cause du progrès, il veut dire qu'il en est la cause humaine, la cause seconde. Le travail, en effet, n'est pas créateur ; il ne fait pas les biens qu'il procure ; il renverse les obstacles et enlève les enveloppes qui cachaient les biens. C'est Dieu qui donne les biens que cherche, que découvre, que saisit le travail. Dieu est la cause première du progrès ; il nous donne tout ; il s'agit de savoir prendre. Cela est visible dans l'ordre matériel. Les ronces et les épines qui couvrent la terre dissimulent des germes innombrables qui n'attendent pour croître que les labeurs de l'homme. Et ce ne sont pas seule-

_____

(1) *La Morale et la loi de l'Histoire*, I, p. 27.

ment les germes qui sont donnés à profusion, mais encore ce qu'il faut aux germes pour s'épanouir : l'eau, l'électricité, la lumière, la chaleur, la fécondité sont versées à flots à la terre.

Et, dans l'ordre social, Dieu commence aussi. Il y a une organisation sociale, naturelle et universelle, antérieure aux efforts volontaires de l'homme. Il y a dans le corps social, comme dans le corps humain, non seulement des fonctions libres, qui sont en partie l'ouvrage de l'homme, de son esprit, de son choix, mais des fonctions nécessaires, continues, inconscientes, involontaires, indépendantes de notre science et de notre choix et qui résultent de la constitution providentielle du corps social.

La société n'apparaît donc pas à Gratry, comme à Rousseau, un agrégat d'individus dont l'union est formée et maintenue par le libre consentement des volontés. L'homme n'est pas seulement un être individuel, c'est un être social, destiné par nature à faire partie d'un tout complexe, organisé suivant des lois fondamentales qui s'établissent et se maintiennent spontanément.

Gratry ne cherche pas l'origine de la société dans un contrat mutuellement consenti : « L'unique besoin de vivre, l'unique attrait de l'homme pour le bonheur, est la force qui explique tout, et le détail des mouvements, et toute leur harmonie » (1). L'attrait du bonheur unit l'une à l'autre les deux moitiés du genre humain, « qui s'aiment inévitablement, qui s'aiment d'un amour à la fois libre et nécessaire, à la fois physique, et moral, et intellectuel : amour qui déploie la famille » (2). Le premier effet de l'attrait du bonheur, c'est donc le groupement des individus. L'homme naît groupé ; tout homme commence dans le sein et dans les bras d'un autre. « Dieu veut si fortement la société qu'il a forcé les hommes à naître plusieurs en un. Il groupe plusieurs hommes, plusieurs cœurs, plusieurs âmes dans les bras d'un même père, dans un même sein maternel, comme des grains de froment sur une même tige et sous l'enveloppe d'un même épi » (3). Voici la famille fondée. « Et ce fait social primitif, dont presque tout dérive, est produit partout et toujours par le plus naturel et le plus puissant des attraits. Ils naissent ensemble,

---

(1) *La Morale*, I, p. 73.
(2) *La Morale*, I, p. 74.
(3) *Sources de la Régénération sociale*, p. 16.

ils sont ensemble, ils sont forcés de rester ensemble ; chacun
nécessairement veut vivre et veut en faire vivre plusieurs » (1).
La famille est l'unité intégrante du corps social : « La société est
un corps composé, dont l'élément primaire est une unité composée, la famille » (2). Dans la famille, l'homme pratique par instinct,
et comme par la force du sang, la loi d'amour et d'aide mutuelle ;
il y fait l'apprentissage des bienfaits et des forces de l'association.
Cette association, créée par le désir du bonheur, maintenue par
lui, l'est aussi par l'habitude et par l'instinct de conservation,
car la vie se trouve menacée par l'isolement.

Ce sont donc les attraits, les besoins impérieux de l'homme qui
sont à la base de la société ; celle-ci résulte de la nature humaine
elle-même.

Cette société, dont l'élément est la famille, dont la totalité est
le genre humain, se distribue en nations. « L'humanité n'aurait
été qu'une masse vivante à peine organisée, si elle n'avait été
divisée en nations, ces grands organes distincts, qui font la vie
du tout, par contraste et par communion » (3). La patrie, comme
la famille, apparaît à Gratry d'origine naturelle (4). Souvent, la
terre même semble offrir une demeure prédestinée à une nation :
ainsi, la France. D'autres fois, sans limites naturelles très mar-
quées, les nations voisines sont séparées par la barrière des races,
la différence des mœurs. Mais toujours, ces organes, qui s'appellent
patries, sont nécessaires à la vie de l'ensemble, au développement du genre humain dont ils favorisent le groupement harmonieux et fécond.

La patrie est nécessaire à l'organisation du genre humain :
or, ce que la patrie est aux nations dont elle assure la cohésion
et la stabilité, le patrimoine l'est aux familles. « Il donne à l'homme,
à la famille, ce que donne la patrie à chaque peuple au sein du
genre humain. Il lui donne la vie stable, la liberté, le déploiement
de son génie, la plénitude de ses facultés, le point d'appui pour

---

(1) *La Morale et la loi de l'Histoire*, t, p. 75
(2) *Sources de la Régénération sociale*, p. 17.
(3) *La Morale et la loi de l'Histoire*, I, p. 67.
(4) « Dieu fait surtout naître les grands peuples par germes. Il dépose
au sein de quelques tribus vagues un germe de vertu, un irrésistible besoin
de gloire et de grandeur et fonde ainsi les grands Etats. » — *Méditations inédites*, p. 122.

un travail plus élevé, plus intelligent, plus fécond. Il met une force collective dans l'unité et, dans l'ensemble, une unité libre de plus » (1). La propriété favorise la durée de la famille, la persistance de ces lignes suivies, de ces fibres continues et solides, qui sont la famille perpétuée par la suite des générations.

Ainsi, l'organisation sociale dans ses éléments primordiaux, et avec les conditions qui sont nécessaires à sa vie, n'apparaît pas comme l'œuvre intentionnelle de l'homme, comme le résultat de conventions arbitraires plus ou moins explicites. L'homme lui appartient, non par choix, mais par nature et par nécessité ; les groupements humains fondamentaux se forment sous l'impulsion d'une force à laquelle l'homme obéit instinctivement, en attendant qu'il en accepte les effets avec un esprit éclairé et une volonté libre ; en attendant qu'il ajoute ses efforts volontaires à l'œuvre de la nature et travaille à perfectionner les données primitives.

Mais, ce n'est pas seulement la forme de la vie sociale dans ce qu'elle a d'essentiel qui est donnée à l'homme, c'est aussi la sève qui doit vivifier ces organes sociaux, les conserver, les développer.

Nous l'avons vu, la grande cause du progrès, c'est la pratique volontaire de la justice et de l'amour. Cependant, avant que l'homme connaisse et accepte la loi, alors que, la connaissant, il la transgresse, de par l'organisation sociale elle-même, telle qu'elle est naturellement donnée, la société vit et tend à se développer. « C'est que l'homme est forcé, dans certaines limites nécessaires, de pratiquer la justice et l'amour. Il y a une justice inévitable et un amour nécessaire parmi les hommes » (2). Ainsi : « Dès l'origine, chez tous les peuples, soit qu'on le sache, soit qu'on l'ignore, s'opère cette admirable loi de solidarité qui veut que tous les hommes, sous peine de mort, travaillent pour tous : loi qui plus tard, accomplie librement, sera la justice même et la charité même » (3).

Les hommes sont si nécessairement unis par cette solidarité primitive et fondamentale, que ce qui semble devoir contribuer au bien d'un seul homme concourt en réalité au bien de tous et que, réciproquement, la vie de chacun dépend de la vie de l'ensem-

(1) *La Morale et la loi de l'Histoire,* I, p. 81.
(2) *La Morale et la loi de l'Histoire,* I, p. 69.
(3) *La Morale et la loi de l'Histoire,* I, p. 70.

ble. Le travail du plus humble des hommes, sans qu'il le sache ni qu'il le veuille, sert à tous en quelque manière : « Quiconque fait un effort producteur quelconque travaille pour tous les hommes, pour tous les temps et pour tous les lieux » (1). Et, comme le remarque Bastiat (2), par suite de la merveilleuse puissance du mécanisme social, tout homme, même celui que le sort a placé dans la condition la plus modeste, recueille plus de biens en un jour qu'il n'en pourrait produire en plusieurs siècles. En effet, la vie sociale permet la division du travail, et la division du travail multiplie la production dans une proportion qui grandit avec le nombre et avec le temps (3). De sorte que Bastiat a pu dire : « Dans l'isolement, nos besoins surpassent nos facultés ; dans l'état social, nos facultés surpassent nos besoins » (4).

Ce n'est pas tout. La propriété même, qui semble procurer seulement le bien de l'individu et de la famille, contribue à celui de la société tout entière. Et cela non seulement parce que, en fortifiant les éléments sociaux, elle accroît et élève la vie de l'ensemble, mais encore parce que, loin d'être la suppression ou la limitation du droit commun de tous les hommes aux forces productrices de la nature ou aux fruits de la terre, elle multiplie les ressources communes et est une source directe de prospérité pour tous. « L'homme qui cultive un champ, qui l'enferme d'un mur et qui en recueille les fruits et les vend, celui-là ne prend rien, mais il donne. Il reçoit, mais rend davantage. C'est un organe. — L'organe certes ne prend pas la vie ; il la produit, tout au contraire, ou, s'il la prend, c'est pour la rendre décuplée » (5). Et, ce qui est vrai de la terre, est vrai de toute propriété. « Le naturel effet de toute richesse croissante, c'est d'augmenter le bien de tous, c'est-à dire de rendre commune et gratuite une part toujours plus grande de la valeur des choses » (6). A mesure que la richesse augmente,

---

(1) *La Morale et la loi de l'Histoire*, I, p. 90.

(2) *Harmonies économiques*, p. 25.

(3) Turgot (*Réflexions*) avait l'un des premiers marqué les grands avantages de la division du travail permise par le groupement social. Voir aussi, sur ce sujet : Ad. SMITH, *Wealth of nations*, t. I.

(4) Op. cit., p. 95.

(5) *La Morale et la loi de l'Histoire*, I, p. 83.

(6) *La Morale et la loi de l'Histoire*, I, p. 86.

la valeur du travail augmente et sa rémunération mesurée en besoins satisfaits s'accroît sans cesse.

Ces principes du mécanisme social empruntés aux économistes,
à Bastiat surtout, Gratry les rappelle et les groupe parce qu'ils
mettent dans une éclatante lumière ce fait de la solidarité nécessaire des hommes, solidarité d'où dépend l'existence de la vie sociale, qui est posée dès que celle-ci est posée et qui se trouve affirmée
par tous les phénomènes sociaux. Gratry ne dit pas, avec A. Comte,
que l'individu isolé n'est qu'une abstraction et que, bien loin d'être
le principe de la société, comme le pense le XVIIIᵉ siècle, il en procède. Mais, s'il n'absorbe pas l'individu dans le tout social, cependant il ne l'en sépare pas. Si l'homme peut vivre et subsister, c'est
grâce à la société à laquelle il appartient comme un élément dis-
tinct, bien que fortement lié. Donc, dès que l'homme existe, la
société existe, car l'homme ne peut exister que par la société.
Et dès que la société est donnée, nécessaire à la vie de l'homme
et résultant de sa nature et de ses besoins, les lois sociales fondamentales existent, antérieures à celles que l'homme formulera
plus tard. Leur action spontanée gouverne la société. Par leur
vertu, les hommes pratiquent dès le premier jour et par nécessité,
sans conscience ni mérite, ce devoir de l'aide mutuelle qui, prati-
qué avec intelligence et amour, sera la perfection de la plus haute
vertu sociale.

Il y a donc des commencements donnés par Dieu ; il y a une
organisation sociale naturelle, des lois primordiales qui ne dépen-
dent pas du choix de l'homme. Il y a une union spontanée, une
justice nécessaire et un amour inévitable parmi les hommes.
Et cette justice préparatoire, que Dieu impose par la force, non
seulement maintient la vie de la société, mais la développe déjà,
tant est grande et féconde la puissance des lois de Dieu. Mais,
cependant, le progrès proprement dit dépend des efforts de l'homme, de son travail appliqué aux dons divins. On peut dire que la
loi du progrès humain est la même que celle qui fonde la société :
c'est une loi d'union. Mais l'humanité ne se perfectionne qu'autant
que cette loi même se perfectionne et se développe, qu'autant que
l'homme l'élève de l'état de loi nécessaire à celui de loi librement
consentie. Le progrès, qui a pour but la liberté plus grande de
l'humanité, est l'œuvre de la liberté.

Mais, nous le savons, Dieu a sa part aussi dans le progrès. Il est
la cause première de cette « venue de ce qui n'était pas », de cette

vie plus belle, plus haute que celle qui précède. Tout progrès suppose la puissance infinie. Quelle en sera la conséquence ? C'est que le progrès lui-même, dans son essence, est infini. « Jamais le progrès ne peut être fini ni ne doit s'arrêter » (1). « Il est corrélatif à l'infini réel, actuel, sa cause première et sa cause finale, à Dieu qui seul peut causer le progrès et le causer toujours » (2). Ainsi, il n'y a pas de limites au développement de l'humanité. Elle doit s'élever sans cesse vers un idéal d'absolue perfection.

Gratry la suit dans cette ascension magnifique à laquelle elle lui semble destinée ; il la voit croître dans la justice, dans la vérité, dans la liberté, vers la pleine joie d'une vie déjà céleste (3). Il se laisse enchanter par la vision qu'il évoque, il paraît oublier un moment, dans l'enthousiasme de ses espérances, que Dieu n'est pas le seul agent du progrès et que l'homme, qui doit le réaliser, est un être borné, faillible. Est-ce que les passions, avec leurs éléments de troubles, disparaîtront un jour du cœur de l'homme ? Est-ce que son intelligence, non seulement se trouvera en présence de plus de lumières acquises, mais croîtra sans cesse en étendue, en vigueur ? Supposer que le progrès est infini, c'est supposer que la nature humaine peut perdre ses limites, ses défauts, ses impuissances et que sa constitution essentielle, ses caractères fondamentaux peuvent totalement changer.

Le progrès infini rencontre des entraves dans la condition humaine considérée au point de vue individuel : il en rencontre aussi dans la collectivité. Car même si, suivant l'hypothèse la plus favorable, l'humanité dans son ensemble se soumet à la loi, n'y aura-t-il pas cependant toujours en elle des éléments non soumis qui seront, sinon des causes de décadence ou de recul, au moins des obstacles à un plus complet développement ?

Puis, la destinée humaine, en ce qui concerne les considérations sociales, se déploie dans le temps. Comment donc concevoir que ce progrès, qui a lieu dans le temps, puisse être infini ? Cela est contradictoire.

Mais est-ce bien là l'opinion de Gratry ? S'il ne voit pas de fin au progrès, s'il le juge corrélatif à l'infini, l'estime-t-il pour cela

---

(1) *La Morale et la loi de l'Histoire*, I, p. 278.
(2) *La Morale et la loi de l'Histoire*, I, p. 279.
(3) *Les Sources*, pp. 318 à 324.

infini ? N'est-ce pas, bien plutôt, indéfini qu'il faut dire ? Le terme de ce progrès, c'est l'infini, il est vrai, c'est Dieu lui-même.
Aussi peut-il se déployer sans rencontrer ce terme inaccessible.
Mais, comme il se déploie sur la terre, dans le temps qui doit finir,
il a nécessairement pour borne la limite de ce temps lui-même.
Ainsi le progrès est tout à la fois fini et indéfini : fini parce qu'il
est conditionné par les limites de la nature humaine et par celles
de la durée ; indéfini parce que son idéal est infini. Gratry garde
au progrès ces deux caractères ; cependant, c'est sur le second qu'il
insiste et c'est pourquoi, lorsqu'il laisse s'ouvrir les ailes de son
enthousiasme, il semble promettre à l'humanité une croissance
sans fin ; alors, gêné par les bornes du temps, il s'élance vers l'éter-
nité, sans penser que, ainsi, il quitte la terre.

Nous ne nous arrêterons pas aux comparaisons faites par Gratry au sujet de la manière dont Dieu opère le progrès (1). En com-
parant ce développement du progrès à celui de la force physique
dans l'Univers ou à la formule catholique de la Trinité, relative
à la vie intérieure de Dieu (2), Gratry se laisse aller à son penchant
au symbolisme. Ce n'est pas dans de semblables passages qu'il
faut chercher la substance de ses idées et l'expression de sa théorie de la loi du progrès. Il l'a formulée trop nettement ailleurs,
nous l'avons vu, pour qu'on puisse lui faire un grief de l'analogie
qu'il croit trouver entre les transformations de l'énergie physique
en chaleur, lumière, force chimique, et les phases du progrès qui
se déploie par la justice, la vérité et la liberté.

Ce progrès, il le conçoit comme accompli avec l'aide de Dieu
par l'homme libre. L'humanité, pour devenir plus heureuse et meilleure, doit travailler elle-même, volontairement, à pratiquer ce
bonheur et ce développement ; elle doit y consacrer son cœur et
ses forces et demeurer dans la justice et dans l'amour. Le progrès
qu'elle doit réaliser est à la fois intellectuel et matériel, social et
religieux ; par dessus tout, il est moral, puisque, sans la pratique
de la loi morale, il ne saurait se produire.

---

(1) F. BOUILLIER, *Morale et Progrès*, pp. 16-17, retient seulement, des vues
de Gratry, ces symboles.
(2) *La Morale et la loi de l'Histoire*, I, pp. 288 à 293.

CHAPITRE II

Les obstacles

Gratry voit dans le monde une *divine préparation de justice*, une providentielle organisation qui, déjà, par son jeu spontané, commence l'œuvre que doit continuer la volonté de l'homme, Dieu dispose les fondements de la vie sociale, il détermine ses lois, puis il confie à l'homme la tâche de développer ces principes, de réaliser librement ces lois. La destinée de l'humanité est remise aux mains de l'homme ; elle dépend de son opération propre, de ses idées vraies ou fausses, de ses volontés droites ou perverses. L'erreur et l'iniquité peuvent troubler, neutraliser ou détruire les effets admirables, les forces salutaires de l'organisation naturelle et fondamentale. Le progrès social peut donc rencontrer des obstacles, ou, mieux, un obstacle qui revêt diverses formes. Car Gratry ramène toutes les entraves qui s'opposent au développement de l'humanité, tous les ferments de ruine qui menacent la société, à une seule cause, l'injustice. Mais c'est dans le fond du cœur humain qu'il faut chercher le principe de l'injustice, dans cette force secrète et redoutable qui soulève les passions mauvaises en l'âme de l'homme et la ravage, mais ravage aussi la société. Attristés des malheurs du monde, les sages païens, Socrate, Aristote, Platon, les Stoïciens, Bouddha, ont aussi cherché dans le mal la source de l'impuissance des efforts de l'humanité. Ils ont vu l'universel incendie des passions causer les douleurs du monde. Pour Gratry, de même que la vigueur morale est la source de tous les biens individuels et sociaux, ainsi le vice est l'origine de tous les maux du genre humain. Il ruine l'homme d'abord ; ivresse ou volupté, il va à détruire la vie physique après avoir anéanti la force morale. Mais, parce que l'homme est un être social, il ne se ruine pas seul. « Chacun succombe sous son propre péché et entraîne avec lui d'autres hommes, car le vice du père tue l'enfant » (1).

Le vice, en s'attaquant à la vie et aux sources de la vie, empêche l'homme d'accomplir le premier des trois devoirs, celui de croître et de multiplier, de remplir la terre et de la dompter. Il est vrai que des penseurs et des politiciens, bien loin de se préoccuper de ce devoir, se sont effrayés du nombre croissant des hommes et ont eu pour souci d'en restreindre la multiplication. C'est, par exemple, Stuart Mill (2), qui rêve de faire à la classe laborieuse une obligation légale de n'avoir pas trop d'enfants. C'est aussi Ricardo, Malthus, en qui Gratry reconnaît cependant un sage (3). Ces économistes ont pensé que le moyen de prévenir le débordement du paupérisme était la diminution de la population.

Gratry s'effraie de cette barbarie d'ignorance, de cette audace de tyrannie, de ces insultes au sens moral. Pour lui, il ne craint pas que la terre ne devienne trop petite ou trop pauvre pour nourrir la foule humaine. Il pense, ainsi que W. Petty (3), que, jusqu'à une limite très éloignée — et dont il n'y a pas à se préoccuper en ce qui concerne le globe entier, si loin d'être rempli et cultivé, —

---

(1) *La Morale et la loi de l'Histoire*, I, p. 230.

(2) *Princ. de l'économie politique*, traduction de COURCELLE, SENEUIL, p. 431. — *La Morale et la loi de l'Histoire*, I, p. 211.

(3) Il est difficile d'expliquer cette approbation donnée par Gratry à Malthus. Même en interprétant les vues de celui-ci dans le sens le plus favorable, en voyant dans la contrainte morale qu'il préconise un conseil de continence, ses théories s'accordent mal avec la loi que Gratry répète : « Croissez et multipliez... » En somme, il apparaît à Malthus que la population peut être un danger parce qu'elle tend à dépasser les moyens de subsistance. Pour Gratry (comme pour Bastiat), la population est par elle-même une force ; il résulte, de la densité de la population, un accroissement nécessaire de la force productive.

(3) *Multiplication dans l'humanité* ; V. ESPINAS, *Histoire des doctrines économiques.*

plus il y a d'hommes sur une terre, plus cette terre produit et plus elle peut nourrir d'habitants (1). .

On ne saurait prétendre augmenter la puissance humaine en diminuant le nombre des hommes. Que l'on considère plutôt les nations antiques, et l'on verra leur force et leur gloire disparaître en même temps qu'elles se dépeuplent. C'est par l'opprobre et la dépopulation que le vice a amené la fin du vieux monde païen. Il menace des mêmes maux les Etats modernes. Gratry signale avec douleur le résultat de statistiques (1866) (2), qui montrent à la France l'effrayante décroissance relative de sa population.

Pour croître en force et en bien-être, les hommes doivent croître en nombre. Alors, ils multiplieront les richesses par un travail multiplié ; ils dompteront vraiment la terre, c'est-à-dire lui feront rendre son maximum. Cette terre couverte d'hommes les nourrira tous avec une magnifique abondance, tandis qu'elle ne donne que de maigres ressources aux travailleurs décimés. Ce qu'il faut réduire, ce n'est donc pas le nombre des hommes, qui, par leur valeur, par l'énergie, l'intelligence et la vertu, sont capables d'apporter à la richesse du genre humain plus qu'ils ne prennent ; ce qu'il faudrait diminuer, « c'est le pullulement des êtres presque avortés, fruit et pâture du vice » (3), et, pour cela, c'est le vice lui-même qu'il faut chercher à détruire.

Le vice, d'ailleurs, ne menace pas seulement la société par ses conséquences à l'égard de la vie physique. Sous des formes légales ou non, il s'attaque à l'organisation familiale et, sous ce rapport, il est aussi un crime social. Tout ce qui va à détruire l'unité et l'indissolubilité de l'union entre l'homme et la femme — adultère, divorce, polygamie — détruit en réalité la famille, unité sociale, et ainsi tend à dissoudre la société elle-même, qui devient une masse en décomposition. Cela est visible chez les peuples où la famille est affaiblie : « Le travail, la ténacité, l'espoir et la volonté du progrès, le courage, l'inspiration et le génie, toute force

---

(1) C'est pour cette raison que les terres ont plus de valeur près des villes qu'au milieu des solitudes.

(2) *La Morale et la loi de l'Histoire*, I, p. 222. « De 1800 à 1866, le nombre des naissances a peu à peu passé de 2 à 4, diminué de moitié » ; d'après M. LEGOYT, cité : *La Morale*, I, p. 223, en note (1).

(3) *La Morale et la loi de l'Histoire*, I, p. 217.

sociale, en un mot, est éteinte chez ces peuples. Ils dorment dans
la volupté » (1). C'est que : « Quand la famille n'est pas, l'individu
n'est rien et n'a aucune valeur. Quand la famille n'est pas, la
femme n'est rien. Qu'est-ce qu'une société où la femme n'est
rien ? Là où la femme n'est rien, l'homme serait-il quelque chose ?
Là où la femme n'est rien, il n'y a pas de mère ; là où il n'y a pas
de mère, il n'y a pas d'homme » (2).

Ainsi le vice, l'égoïsme effréné de l'homme qui veut jouir, atteint
la vie sociale dans ses sources. Par ses effets directs, il est déjà
un principe de décadence et de mort. Mais il est aussi le père des
deux formes d'iniquité qui constituent l'injustice sociale : il engendre la spoliation et le meurtre.

Gratry emprunte les paroles énergiques et sévères des grands
moralistes chrétiens, de saint Jérôme, de Bourdaloue, du P. de
Ravignan, pour signaler et pour condamner le vol, non pas seulement la saisie manuelle d'une valeur pécuniaire, geste du voleur
vulgaire, mais aussi : « Tout acte qui, sous une forme extérieure
différente, s'y ramène en substance » (3), tout acte qui est en réalité une injustice, parce qu'il consiste à retenir le bien d'autrui,
ou à le prendre, quelque enveloppé, détourné, adroit, que soit
le procédé employé.

Ces formes latentes ou évidentes du vol sont multiples ; elles
couvrent le monde. Gratry les dénonce avec indignation et tristesse. Il montre, à côté de la spoliation privée, une spoliation
savante. C'est l'exploitation de la misère, de la faiblesse, du travail du pauvre par de riches mais malhonnêtes industriels ; c'est
la formation de sociétés dites financières, qui sont en réalité des
bandes d'escrocs organisées pour de vastes rapines ; c'est la spéculation et l'agiotage, qui s'emparent du bien d'autrui par des
moyens insaisissables à la justice. Une « féodalité d'argent »,
plus oppressive encore que l'ancienne féodalité, s'efforce d'attirer
à soi toujours plus de richesse ; le pillage de la masse humaine
qui travaille par la puissance acquise de l'opulence, se pratique
tantôt à côté de la loi, tantôt avec la loi. Et Gratry ne craint pas
d'emprunter à Proudhon de violentes diatribes : « Quelqu'un

---

(1) *Sources de la régénération sociale*, p. 63.
(2) *Sources de la régénération sociale*, p. 61.
(3) *La Morale et la loi de l'Histoire*, 1, p. 109.

parmi nous ignore-t-il qu'à peu près aucun gain, obtenu par les concessions de l'État, les négociations de la Bourse, les entreprises de commerce, n'est pur de corruption, de violence ou de fraude ; qu'il ne se fait pas aujourd'hui de fortune sans reproche, et que, sur cent hommes enrichis, il n'y en a pas quatre de fermement honnêtes ?

« Le commerce ne se contente pas du prix de ses transports, de ses commissions, de la prime due aux risques qu'il court ou du produit légitime de ses découvertes. Il lui faut encore le privilège, le monopole, la subvention, la contrefaçon, l'accaparement, la fraude.

» Et, sous le nom de spéculation, le monopole, l'intrigue, la concussion, l'escroquerie dévorent la fortune publique et entretiennent la ruine chronique du genre humain » (1).

Ainsi, le vol empêche l'équitable répartition des richesses ; il est un obstacle à cet effet naturel de la propriété, d'être une source de bien pour tous. Il maintient, il aggrave la pauvreté que le travail transformerait en aisance, si les lois fondamentales avaient leur libre jeu : « Riches et pauvres travaillent ensemble et développent la richesse nationale en commun. Mais le partage est tel que le riche s'enrichit toujours et que le pauvre s'appauvrit toujours » (2). Or, «la communication naturelle des efforts et des fruits du travail, quand elle est volontaire et libre, exempte de fraude et de violence, porte en elle-même un principe de progrès pour tous » (3). Alors, le salaire tend à s'élever ; cette élévation favorise l'épargne, l'épargne à son tour élève le salaire. Mais ces effets ne sauraient avoir lieu quand la spoliation légale ou illégale, par la force ou la ruse, enlève à l'ouvrier le fruit de son travail. Ce n'est donc pas l'organisation naturelle qu'il faut accuser de l'inégalité entre les riches et les pauvres ; ce n'est pas la propriété, ce n'est pas la richesse en tant que richesse qui la cause ; c'est l'abus de la force que donne la richesse, employée, non pas à une rétribution équitable, mais à une exploitation criminelle ; c'est la spoliation, le monopole, la fraude organisée.

---

(1) PROUDHON, *Manuel du spéculateu· à la Bourse.* — Cité p. GRATRY, *la Morale et la loi de l'Histoire,* 1, pp. 123, 124.

(2) *La Morale et la loi de l'Histoire,* 1, p. 97.

(3) *La Morale et la loi de l'Histoire,* 1, p. 101.

Gratry ne manque-t-il pas d'équité en dénonçant le vol seulement chez les riches ? Les pauvres ne le pratiquent-ils pas aussi ? Et, par exemple, l'ouvrier qui néglige son travail ne dérobe-t-il pas à son patron un temps qu'il lui doit ?

Sans doute ; mais il est incontestable que les hommes les plus avancés, les plus forts dans l'ordre économique, c'est-à-dire les riches, exercent par leurs spoliations une influence beaucoup plus grande sur les conditions sociales. L'injustice du riche est plus considérable que celle du pauvre, en raison même de la puissance qu'il détient déjà ; elle s'attaque en général à un plus grand nombre de victimes. Aussi convient-il de s'y arrêter lorsqu'on examine, comme le fait Gratry, les retentissements sociaux du vol. D'ailleurs, s'il met surtout en lumière la faute du patron qui prive l'ouvrier de son juste salaire, il ne passe pas cependant sous silence les fautes de cet ouvrier lui-même qui, par la débauche et la dissipation, gaspille les fruits de son travail et met ainsi obstacle, pour sa part, au progrès économique. Dans l'un et l'autre cas, c'est toujours l'injustice qui neutralise, ou même retourne, l'effet des lois de Dieu : « l'injustice qui dépouille autrui de son travail et l'injustice qui dissipe dans le mal les fruits du travail propre » (1).

L'homme ne se contente pas de ravir à l'homme son argent ou ses biens ; il va parfois jusqu'à s'emparer de son semblable. Gratry condamne et combat cette forme de l'iniquité, l'esclavage, qui est tout à la fois homicide et spoliation. Il unit sa voix indignée à celles qui stigmatisent cette honte de l'antiquité païenne que les temps modernes n'ont pas encore tout à fait abolie du monde. Il tressaille d'une émotion douloureuse en songeant aux horreurs de cet infâme commerce d'hommes, à ces chasses qui ont lieu dans toute l'Afrique, à époques fixes, chaque année, où les hommes sont poursuivis et même tués comme gibier (2). L'esclavage, il le voit régner aux États-Unis d'Amérique, la terre de la liberté. Le Président de ces États n'ose-t-il pas le déclarer légitime dans un message que Gratry appelle : « la pièce la plus honteuse qu'aucun gouvernement ait osé présenter au monde depuis des siècles » (3). Un an avant la guerre de Sécession, Gratry

---

(1) *La Morale et la loi de l'Histoire*, I, p. 102.
(2) *Commentaire sur l'Évangile* selon saint Matthieu, II, 310.
(3) *La Morale et la loi de l'Histoire*, I, p. 135 et *Crise de la foi*, p. 219.

prévoit le châtiment de cette iniquité ; elle va engendrer la haine, la fureur et briser, partager en deux peuples ces Etats frères qui, devenus d'irréconciliables ennemis, vont s'égorger entre eux.

Cinq ans plus tard, il applaudit au triomphe des Etats du Nord, adversaires de l'esclavage, comme à l'une des plus belles victoires de l'humanité sur la barbarie. Après avoir cloué au pilori de l'histoire le message de Buchanan, il salue avec bonheur celui du Président Lincoln, comme un présage du progrès à venir des Etats.

L'esclavage représente la forme la plus odieuse de la spoliation. L'homicide, cette seconde espèce de l'injustice sociale, est le terme où aboutissent trop souvent les passions déchaînées. Parfois celles-ci s'acharnent sur leur victime avec un raffinement de cruauté, comme si la faire mourir ne pouvait les satisfaire, à moins que la mort ne soit atroce. « Les hommes ont parfois épuisé leur génie à inventer des tortures exquises, des supplices éclatants et des méthodes de multiplier, de continuer et d'approfondir la douleur ! » (1). Celui qui verse le sang d'autrui le verse avec joie ! Ce n'est pas seulement la méchanceté barbare, tapie au fond du cœur de l'homme, qui cherche à se satisfaire dans l'homicide. C'est aussi, c'est plus souvent l'avide rapacité qui pousse au meurtre. « On prend le bien d'autrui soit par la force, soit par la ruse. Il y a les voleurs désarmés et les voleurs armés » (2).

Ici, Gratry aborde l'une des questions les plus graves, celle de la guerre. On sait avec quelle généreuse ardeur il avait adhéré en 1867 à la ligue internationale de la Paix. En 1861, il avait écrit son livre de *la Paix* où, avec une ardente conviction, il plaidait cette cause si chère de la concorde des nations. Dans la guerre, il dénonce ce crime de la violence spoliatrice que la conscience condamne et que la loi punit quand il est commis par un particulier, mais qui semble devenir légitime lorsqu'il est l'œuvre d'un peuple. « Le vol à main armée, d'homme à homme, c'est le brigandage ; de peuple à peuple, c'est la conquête » (3). Or, il n'y a pas deux morales, l'une pour les individus, l'autre pour les nations : « Il n'y a qu'une morale, une justice éternelle, immuable, une et toujours la même, en toute affaire humaine, d'homme à homme,

---

(1) *La Morale et la loi de l'Histoire,* 1 p. 161.
(2) *La Morale et la loi de l'Histoire,* 1 p. 144.
(3) *La Morale et la loi de l'Histoire,* 1, p. 144.

de peuple à peuple, de gouvernant à gouverné » (1). La loi qui dit à chaque homme : « Tu ne voleras pas, tu ne tueras pas», s'adresse aussi aux Etats. La patrie de chaque peuple lui appartient, comme le patrimoine appartient à la famille. Or, « on parlait des tribuns qui ont voulu détruire la famille et la propriété. Mais qui donc, jusqu'ici, travaillait à détruire la famille en grand et la propriété en grand, qui sont la nation et la patrie ? Qui donc, sinon ces gigantesques et souverains perturbateurs qui se sont nommés conquérants ? » (2). Ils ignorent que la solidarité qui unit les hommes unit les nations, qu'elles sont les organes d'un même corps, l'humanité. Donc : « le bien des unes est le bien des autres, le mal des unes est le mal des autres. Chacune est nécessaire, respectable, sacrée. Supprimer une nation serait supprimer un organe dans un corps, et il faut dire de toute nation ce que disait J. de Maistre lorsqu'on lui parlait du partage de la France : «Supprimer la France, ce serait la même chose que de supprimer une planète dans le système solaire ! » Donc, encore, les nations doivent être entre elles ce que les membres d'une patrie, d'une famille, sont entre eux. Donc, il n'y aura plus deux justices : justice privée, justice publique et internationale. Il n'y a plus qu'une seule justice universelle... » (3).

Cette idée de justice universelle, si ignorée encore d'un trop grand nombre, Gratry la découvre au XVII° siècle ; il la signale chez Fénelon. Celui-ci, en effet, dont les idées sociales devancent sur plus d'un point les théories modernes, s'élève contre cette usurpation par la conquête, qui n'est pas moins criminelle que le vol de particulier à particulier. «Tout ce qui est pris par pure conquête, dit-il, est pris très injustement et doit être restitué (4) ; tout ce qui est pris dans une guerre entreprise sur un mauvais fondement est de même. Les traités de paix ne couvrent rien, lorsque vous êtes le plus fort et que vous réduisez vos voisins à signer le traité pour éviter de plus grands maux ; alors, ils signent, comme un particulier donne sa bourse à un voleur qui lui tient le pistolet sur la gorge ».

---

(1) *La Morale et la loi de l'Histoire*, I, p. 145.
(2) *La Paix*, p. 101.
(3) *La Paix*, p. 102.
(4) *Examen de Consc.*, XXVI, cité p. GRATRY, *La Morale et la loi de l'Histoire*, I, p. 148.

Fénelon n'est pas la seule voix qui s'élève pour condamner la conquête et l'usurpation. L'enseignement de l'Eglise est constant sur ce point : « Toute conquête et tout butin fait dans une guerre injuste doit être restitué » (1). Et l'histoire ne prouve-t-elle pas que, « pour la plus grande gloire des lois providentielles, tout vainqueur qui possède un vaincu comme une proie y trouve la ruine, la honte et la malédiction ? » (2).

Gratry parcourt du regard l'Europe ; il montre l'Espagne affaiblie par l'orgueil même de sa domination écrasante sur l'Europe et l'Amérique ; la France diminuée par les rêves de conquête de Napoléon ; l'Autriche, l'Allemagne, menacées par leurs ambitions envahissantes ou leurs oppressions tyranniques (3). Il signale surtout ce qu'il appelle les grands scandales. D'abord, le règne de l'Empire turc, « cette organisation théorique et pratique de l'iniquité sur la terre, qui abrutit, étouffe, stérilise les plus belles contrées de l'Europe » (4). Mais ces Turcs, qui posent en dogme la domination absolue et universelle par le fer, après avoir fait trembler le monde, « par la seule force des lois providentielles, par l'unique effet du venin inoculé dans la brutalité de leur orgueil » (5), ces Turcs voient leur effrayant empire devenir « irréparable ruine, stérilité, dépopulation, dissolution » (6). La troisième méditation de *la Paix* (7) est consacrée à l'empire ottoman. Douloureuse, déchirante peinture de ses crimes et de son abaissement ; éloquent et ardent appel à la transformation de ces contrées splendides ; appel adressé, non seulement à l'Europe, complice de l'iniquité par l'appui prêté à l'édifice branlant, mais appel jeté aussi à tous les nobles cœurs, à tous les hommes justes qui subsistent parmi ce peuple, afin qu'ils travaillent à le délivrer, lui la première victime de l'opprobre où il vit à la face du monde.

Le second scandale de l'Europe, c'est la domination de l'Irlande par l'Angleterre, c'est « cette spoliation unique en son espèce, qui, après la conquête politique, ce qui jamais ne s'était vu, a con-

---

(1) V. *La Morale et la loi de l'Histoire*, 1, p. 149.
(2) *La Paix*, p. 110.
(3) *La Paix*, p. 111.
(4) V. *Crise de la Foi*, p. 215.
(5) *La Paix*, p. 115.
(6) *La Paix*, p. 116.
(7) *La Paix*, pp. 61 à 92.

fisqué en outre la totalité de la terre dans le détail de chaque propriété ; qui, de plus, a opéré la saisie des capitaux et de toute industrie, laissant l'Irlandais nu sur la terre nue et confisquée » (1).
Est-ce que l'Irlande, opprimée dans sa conscience religieuse, dé-
pouillée de tous ses biens, « est-ce que l'Irlande n'est pas le fardeau, la honte, la plaie et la faiblesse de l'Angleterre ? » (2).

Il y a un autre scandale encore (3). « Un crime public et
permanent, un désastre moral, plaie de l'Europe » (4), c'est ce
que J. de Maistre appelle « l'exécrable partage de la Pologne, accompli par ceux que Channing nomme les Etats brigands. Gratry
s'indigne des souffrances du pays martyr dont il admire l'héroïque
courage. Ce « péché mortel de l'Europe » (5), cette spoliation sanglante crie vengeance, ce crime réclame un châtiment.

Mais Gratry ne dénonce pas les fautes des nations afin d'appeler
sur elles des foudres menaçantes ; il exhorte à la justice les possesseurs injustes ; il réclame de leur magnanimité une réparation
éclatante et entière. Il veut le salut des bourreaux comme celui
des victimes. Sa voix s'élève intrépide et respectueuse, suppliante
et sévère ; elle s'adresse à la conscience des princes dont il veut
faire les ouvriers puissants du règne de la justice parmi les peuples (6) ; elle s'adresse à la conscience de l'humanité afin de lui
faire comprendre et sentir l'horreur de ces crimes nationaux,

---

(1) *La Paix*, p. 219.
(2) *La Paix*, p. 113. — Ce n'est pas d'ailleurs sa seule faute et Gratry
lui en reproche d'autres dans cette septième méditation où il s'adresse à
la reine elle-même, dans un mystérieux entretien, et lui parle comme la
voix de sa conscience. Il rappelle les conquêtes faites pour garder coûte
que coûte l'empire des mers, l'appui intéressé donné à la Turquie afin
d'éloigner de l'isthme de Suez et du détroit des Dardanelles les autres puis-
sances européennes. Mais il voit aussi s'éveiller une Angleterre nouvelle,
éprise de la justice, et qui devient chaque jour plus forte et plus influente.
Elle s'efforce de réparer les fautes anciennes par des prodiges d'énergie,
de loyauté morale et intellectuelle. C'est elle, par exemple, qui a écouté
la voix d'O'Connell et a commencé la délivrance de l'Irlande, Gratry pressent
le triomphe définitif de cette Angleterre, de son esprit de justice, de ses efforts pour l'avènement d'une équitable liberté.
(3) *La Paix*, 6e méditation, pp. 155-199. — *La Crise de la Foi*, p. 227, 244.
(4) *La Paix*, p. 156.
(5) *La Crise de la Foi*, p. 230.
(6) C'est à Alexandre II qu'il demande la délivrance de la Pologne, comme
au plus généreux des Souverains possesseurs.

de ces crimes publics, qui ne diffèrent des crimes privés qu'en un seul point : c'est qu'ils sont mille fois plus énormes.

Il y a donc des guerres injustes qui conduisent les nations à de graves spoliations, à de gigantesques assassinats. Sans doute, il y a des guerres justes. Gratry le sait et le dit. La guerre défensive qui repousse le brigand envahisseur, la guerre offensive qui a pour cause une grave injustice faite à un peuple, grave injustice non réparée et autrement irréparable (1), sont justes.

Gratry n'est donc pas un pacifiste outrancier, qui condamne sans restriction toute guerre, qui réclame la paix toujours et à tout prix. Il admet qu'il y a des guerres légitimes, nécessaires. Il consent même à voir dans la guerre un bien relatif par les vertus qu'elle suscite, par les héroïsmes qu'elle éveille. « Oui, certes, s'écrie-t-il, il y a quelque chose qui est la grande et légitime gloire militaire. Donner sa vie pour la justice, pour la patrie, braver la mort pour défendre une nation contre la criminelle attaque des homicides et des spoliateurs : certes, voilà qui est grand et beau et qui peut toucher quelquefois à la suprême gloire du martyre. Et quand le cœur humain, dans tous les temps et dans tous les lieux, tressaille d'enthousiasme à la vue du courage des héros, le cœur humain ne se trompe pas » (2).

Si les âmes de ceux qui combattent pour le droit et la justice peuvent s'élever, dans l'ardente générosité de leur dévouement, à de sublimes hauteurs morales ; si la guerre peut être l'occasion de magnifiques épanouissements d'énergie, d'abnégation, de sacrifice, cependant, en toute guerre, il y a un mal et des malfaiteurs. « Que dites-vous, je vous prie, demande Gratry, des agresseurs et des spoliateurs, et de ces homicides qu'il est glorieux et nécessaire de combattre jusqu'à la mort ? En d'autres termes, que dites-vous des auteurs de la guerre ? Que dites-vous de ces hommes, ou, si vous voulez, de cet homme qui a trouvé en lui assez d'orgueil barbare, de féroce ambition, d'aveugle cupidité et de mépris du genre humain, pour porter le décret de l'un de ces immenses et solennels massacres, qu'on nomme des guerres, dans lesquels les hécatombes humaines, c'est-à-dire les *petites pertes* de deux ou trois cents hommes ne méritent aucune attention ?

---

(1) BILLUART, cité p. GRATRY, *la Morale et la loi de l'Histoire*, I, p. 150.
(2) *La Morale et la loi de l'Histoire*, I, p. 106.

Il faut plusieurs milliers de morts pour qu'on en puisse parler. Que dire, je vous le demande, de l'homme sur la tête de qui retombent ces fleuves de sang ? Et quel sera son jugement au tribunal de Dieu ? » (1).

Le principe, de toute guerre est donc mauvais : c'est toujours l'injustice, car même lorsque la guerre est légitime, c'est l'injustice à réparer ou à empêcher qui la provoque. Le devoir moral commande aux nations de s'abstenir de toute agression inique, comme il commande à chaque homme de respecter la vie et le bien de son prochain.

Quels ne sont pas d'ailleurs les maux de la guerre ? C'est le sang, ce sont les larmes qui coulent par torrents ; ce sont les ruines et les souffrances qui s'amoncellent et qui écrasent d'un poids de deuil le cœur de tous. Les forces, les ressources des peuples sont dévorées par elle avec une avidité cruelle. Gratry cite les chiffres effrayants des dépenses qu'entraîne la guerre (2). Il voit les armées permanentes, les armements de plus en plus formidables absorber une part toujours plus grande de la substance des peuples, de leur or, mais aussi de leur travail et de leur vie. Les progrès même de la science servent à rendre plus nombreux, plus terribles, les engins meurtriers et préparent des guerres plus sanglantes encore pour l'avenir.

Si la guerre est une cause redoutable d'affaiblissement, la paix au contraire est la meilleure source de la vigueur nationale. Gratry veut une patrie forte contre ses agresseurs possibles ; mais cette force, il montre qu'elle est plus sûrement obtenue à l'aide de la paix qui favorise le développement économique, vraie santé des nations, que par un esprit inquiet, avide de conquêtes, qui cherche la puissance dans l'usurpation violente.

Il conçoit aussi, avec une vue pénétrante, que dans les guerres de l'avenir, la victoire doit appartenir au paisible qui se défend contre l'envahisseur, pourvu qu'il ait utilisé sa paix à l'accroissement d'une activité laborieuse et féconde.

_____

(1) *La Morale et la loi de l'Histoire*, I, p. 107.
(2) *La Morale et la loi de l'Histoire*, I, p. 152. — D'après P. LARROQUE : *De la guerre et des armées permanentes*, 2e partie. — Evidemment ces chiffres — 7 milliards — sont bien inférieurs à ceux qui représentent aujourd'hui ce que Gratry appelle « le budget de Mars ».

Donc, l'esprit d'union, de paix, qui semble ne pouvoir produire que des victimes, « loin d'affaiblir la force militaire des nations », devient, « tant que la guerre sera possible, et il est bien à craindre qu'elle ne le soit encore longtemps », devient, « au contraire, toujours plus évidemment, le grand fondement des forces capables de dompter la violence de l'iniquité agressive. On le savait et on le disait autrefois déjà : la substance de la guerre, c'est l'argent ! l'argent ! l'argent ! Mais qui donc a le plus d'argent ? Celui qui travaille le plus. L'argent, les hommes et l'industrie, voilà la force militaire. Le plus industrieux dans ses inventions, et surtout le plus riche, est le plus fort. Mais qu'est-ce qui augmente, pour un peuple, l'argent, l'industrie et le nombre des hommes, sinon la paix ? Ainsi, même pour la guerre, les pacifiques sont les plus forts. Et qui donc aujourd'hui ne voit que si l'Europe continue encore pendant un siècle à se ruiner, à s'énerver et à se dépeupler par la folie des armées permanentes, — et l'on semble, hélas ! aujourd'hui, vouloir pousser jusqu'au délire cette absurde folie, — les Etats-Unis d'Amérique, devenus gigantesques par le travail et par la paix, domineront l'Europe et lui feront la loi ?

« Et que sera-ce quand le beau théorème qui commence à se démontrer aujourd'hui sera devenu manifeste, savoir : *que le progrès de l'industrie et de la science, appliqué à l'art militaire, doit rendre la défense toujours plus forte et l'agression toujours relativement plus faible;* en sorte qu'une poignée d'hommes, placée sur son terrain, détruira de plus en plus facilement des armées survenant du dehors ! C'est alors que la paix, mère de la science, de la richesse et de l'industrie, sera vraiment la dominatrice de la guerre » (1).

Ce sont là des vues d'une profonde et indiscutable sagesse, que la science et l'expérience n'ont fait que confirmer. Cependant, on peut se demander si Gratry, en réprouvant la guerre et en mettant en relief les avantages de la paix au point de vue de la défense nationale, ne fait pas trop peu de cas de la préparation militaire et de la force de l'armée. Il est évident qu'on ne saurait improviser des soldats du jour au lendemain en cas d'attaque, et non plus des armes et des munitions. Le souci d'une agression possible

_____

(1) *La Morale et la loi de l'Histoire*, II, pp. 132-133.

entraîne donc logiquement des précautions d'armement dont Gratry ne semble pas voir l'urgente nécessité. *Si vis pacem, para bellum*, disait l'adage antique ; il faut se préparer à la guerre, sans doute par la force que donne la paix, mais aussi d'une manière directe, par une préparation militaire. Si Gratry n'en reconnaît pas assez l'importance et se préoccupe d'en blâmer l'excès plutôt que d'en recommander la pratique dans une sage mesure, cependant il est loin de méconnaître l'armée. Il fait siennes ces paroles de Mgr Dupanloup : « Certes, je déplore ce mystère douloureux de la guerre, et je prie chaque jour afin qu'elle soit évitée, supprimée même s'il se peut. Mais qui donc, en déplorant la guerre, n'admire pas l'armée ? » (1).

Et l'âme enthousiaste et ardente de Gratry admire en effet hautement le courage militaire, qui place la poitrine du soldat comme un rempart vivant entre l'agresseur inique et la patrie menacée. Nous l'avons vu louer l'héroïsme qui combat pour le droit et la justice, nous savons qu'il affirme sans cesse que la patrie est sacrée, que, par conséquent, c'est un devoir sacré de la défendre jusqu'à la mort. Mais, l'un des maux de la guerre, n'est-ce pas cet emploi des forces et des vies ? Et Gratry, en contemplant d'un côté le champ douloureux de la destruction sanglante, de l'autre le domaine immense qui s'offre dans le monde au travail des bonnes volontés, Gratry, en face de ce spectacle, s'attriste de voir fauchées tant de jeunes et utiles énergies. « Ah ! s'écrie-t-il, si tout ce qui se dépense de force, de science, de courage, de génie, d'héroïsme et de généreux sang dans une grande bataille pouvait être appliqué selon la science, selon l'inspiration de Dieu, c'en serait assez, je le crois, pour transformer le monde entier » (2).

Il souhaite que l'immense et généreuse force du courage militaire, qui brave la mort, puisse être employée, non plus à l'extermination des hommes, mais à la lutte intrépide et dévouée, jusqu'à la mort, contre les maux de toute sorte qui accablent l'humanité.

Gratry signale donc la guerre comme un mal redoutable et terrible. Avec saint Thomas, il pense que le prince, que les nations doivent « grandement la redouter et autant que possible l'éviter, parce que les guerres entraînent beaucoup de maux, sont un obs-

---

(1) Cité p. GRATRY, *H. Perreyve*, p. 65.
(2) *H. Perreyve*, pp. 68-69.

tacle à de grands biens et que, d'ordinaire, les bons résultats sont
nuls ou à peu près » (1). Avec saint Thomas encore et saint Augustin, il dirait aussi volontiers « qu'il est de toute évidence que la
paix doit être l'unique but de la guerre » (2).

La paix ! il la souhaite en effet de toute l'ardeur de son âme
éprise du bien de l'humanité. Ce n'est pas qu'il se fasse illusion
sur les obstacles qui s'opposent à l'établissement et au règne de
cette Paix. Il sait qu'elle dépend de la volonté des hommes, il
sait que cette volonté est souvent bien loin d'être disposée à la
douceur, à la concorde. «'Le monde est libre pour le bien et pour le
mal, et les cœurs sont pleins de passions, et la race querelleuse des
hommes n'est certes pas encore décidée à la paix, à la justice, à
l'amour. Comment nier, puisque nous sommes tous libres, que le
monde ne puisse s'endurcir dans la haine, dans la discorde et
dans la guerre ? » (3).

Mais ne peut-on diriger cette liberté du monde ? Ne peut-on
apprendre aux hommes la valeur, la nécessité de la paix, sans laquelle l'humanité sera toujours entravée dans sa marche ascen-
dante, toujours déchirée, blessée, affaiblie ? « Regardons en face,
je vous prie, l'admirable idéal d'une paix habituelle, générale
et croissante, d'une paix sociale et internationale, dans la justice
et le progrès, d'abord au milieu des chrétiens, puis sur le globe
entier. Sans rien prédire sur ce qui sera, j'affirme que le devoir
et la gloire de tout homme serait de travailler jusqu'à son dernier
souffle à établir cette paix de Dieu au sein du monde entier » (4).

D'ailleurs, ce que des efforts isolés seraient impuissants à obtenir, l'association ne peut-elle le tenter ? Sera-t-il téméraire de compter sur l'efficacité d'une action d'ensemble qui grouperait à la
poursuite du même but des hommes dévoués ? La ligue internationale de la Paix (en 1867) devait réaliser ce désir de Gratry.
De nobles esprits, épris de la même généreuse ambition, essayèrent
de trouver par quels moyens on pourrait arriver à diminuer, à
adoucir ce redoutable fléau de la guerre, à parer aux maux qu'il
engendre.

---

(1) SAINT THOMAS, opusc. XXXVII, lib. VII, c. VIII.
(2) *Ibid.*
(3) *La Paix*, p. 24.
(4) *La Paix*, p. 26.

Gratry avait rêvé mieux qu'une ligue en faveur de la paix. Il avait conçu un mouvement pacifique plus puissant qui grouperait, non des bonnes volontés particulières, mais les chefs des peuples, les peuples mêmes d'Europe. « Supposez un instant, disait-il, les peuples européens consacrant à la pacification de la terre, à l'organisation du globe dans la justice, autant de forces qu'ils en ont consacré aux dernières grandes guerres d'où nous sortons. Supposez que l'on ait décrété cet effort pacifique, sous l'œil de Dieu, en priant Dieu de le bénir. Puis, supposons que la même constance, la même patience, la même quantité de courage, de dévouement, de sacrifice, que le même nombre d'hommes, le même génie des chefs, la même union de tous et le même nombre de vaisseaux et le même nombre de milliards soient appliqués à l'organisation du globe dans la justice et dans la paix. Je me demande si quelqu'un ose dire qu'un tel effort restera vain ; je me demande si quelqu'un croit pouvoir annoncer où devraient s'arrêter les conséquences d'une pareille impulsion ? » (1).

En 1898, l'Europe parut vouloir réaliser ce généreux projet. Sans doute, le désarmement général proposé par Nicolas II ne put s'effectuer ; cependant la Conférence internationale de La Haye, la Constitution d'une cour permanente d'arbitrage semblèrent un pas important accompli dans cette voie. On sait que le tribunal de La Haye joua plusieurs fois fort utilement son rôle d'arbitre. Mais lorsque la passion, lorsque la force brutale est déchaînée, la force seule peut l'arrêter, non celle du droit, dans la faiblesse matérielle, mais la force physique armée et debout. Tant qu'il y aura des peuples prêts au brigandage, les autres auront besoin, pour se défendre, d'autres protections que celles des traités et des conventions, trop aisément déchirés et jetés au vent.

Mais s'en suit-il, parce qu'il est difficile de maintenir une entente sincère, unanime et durable, entre les peuples, qu'il faut regarder comme chimérique et même dangereux le désir de la voir se réaliser ? Sont-ils des rêveurs, tous ces grands cœurs qui ont souhaité l'abolition des luttes fratricides, des guerres entre les hommes qui doivent s'aimer et s'aider, les Pascal, les Kant, les Stuart Mill, les Bentham, les Glasdstone ?... Et Gratry est-il un utopiste comme l'abbé de Saint-Pierre ?

_____

(1) *La Paix*, p. 27.

Gratry se bercerait de rêves, en effet, s'il attendait une paix universelle d'un accord diplomatique, s'il espérait la fonder sur l'horreur et l'effroi des cœurs sensibles, révoltés devant les atroces souffrances des champs de bataille.

Mais ce n'est pas sur ces fragiles et illusoires fondements qu'il bâtit. Il sait que la guerre est causée par les passions humaines, par l'ambition, par l'avidité et l'orgueil. Et c'est à la cause qu'il s'attaque afin de détruire l'effet. Il demande aux hommes d'arracher de leur cœur ces vices qui les entraînent aux crimes et, pour mieux les persuader, il leur montre que leurs intérêts mêmes sont compromis par les forfaits dont ils se rendent coupables. Le châtiment est immanent à la faute ; la conquête illégitime devient pour le vainqueur une menace et un danger.

Gratry comprend si bien que l'abolition de la guerre dépend d'une préparation morale, qu'il demande seulement la paix entre les peuples chrétiens. Il demande « la paix européenne que méditent tous les sages, que voulait Kant, que Bentham établissait en droit, que posait en principe Napoléon lui-même lorsqu'il disait toute guerre européenne est guerre civile » (1).

Et ces peuples chrétiens, il ne les imagine pas réunis soudain dans une étreinte fraternelle indissoluble. Il n'ignore pas que les œuvres difficiles ont besoin, pour s'établir, de longs et patients efforts. Aussi souhaite-t-il d'abord seulement « une diminution de carnage parmi les hommes » (2). Il ne parle pas de faire régner une *paix absolue*, mais une *paix croissante* (3). Que les peuples apprennent toujours mieux que leur bonheur, comme leur devoir, consiste à renoncer à « ce stupide esprit d'agrandissement qui abaisse et qui humilie » (4), à cette passion qui les pousse à grandir en opprimant ; « que tous, vaincus par l'évidence, domptés par l'expérience et par les châtiments providentiels qui punissent toutes nos fautes, consentent, enfin, à pratiquer la loi de Dieu : continence de la force dans la justice, gloire et grandeur cherchées dans le travail, dans la vie intérieure, dans l'âme et le génie de chaque peuple ; grandeur et force cherchées, non plus dans

---

(1) *La Paix*, p. 121.
(2) *La Morale et la loi de l'Histoire*, t, p. 155.
(3) *La Paix*, p. 26.
(4) *La Paix*, p. 144.

l'étendue du territoire, mais dans le nombre réel d'hommes libres, d'hommes heureux et d'hommes justes » (1).

La paix est donc fondée sur une « conversion » des peuples, sur une éducation de la conscience des nations éclairées sur leurs devoirs, qui ne font qu'un avec leurs intérêts véritables. Sans cette transformation morale, par conséquent, la violence avide demeure, menaçante, danger de guerre toujours possible ; la paix est fragile et courte. Il n'y a que la moralité qui puisse assurer au droit le respect qui lui est dû, sans qu'il ait besoin de recourir, pour se maintenir ou se venger, à l'appui de la force. Sans la justice, d'autre part, la force n'est plus qu'une puissance redoutable, au service de toutes les cupidités.

Mais, dira-t-on, l'illusion n'est pas de désirer la paix, de la voir bonne et souhaitable, c'est de croire possible un état du monde qui permettrait cette paix universelle et perpétuelle. Gratry a-t-il cru à cette transformation morale complète des hommes et des peuples ? Lorsqu'il laisse prendre l'essor à son espérance, il semble en effet l'attendre. Cependant, ces progrès splendides sont bien plutôt des visions idéales, dont il s'enchante afin de s'exciter à continuer avec courage, avec confiance, son œuvre de dévouement, que le but auquel il voit l'humanité parvenir en effet. Ne le dit-il pas lui-même lorsqu'il défend ses idées d'être des rêves et des utopies ? — Il précise alors qu'il ne compte pas sur l'établissement réel de la paix perpétuelle et universelle, qui suppose la pratique universelle et perpétuelle de la justice parmi les hommes. Qu'est en effet cette paix universelle, cette paix perpétuelle ? Elle est « une *limite* vers laquelle peuvent et doivent converger sans cesse, et de toutes leurs forces, tous les peuples chrétiens d'abord, et puis le monde entier » (2). Elle est une limite, c'est-à-dire le but idéal, placé à l'infini, que les efforts finis ne sauraient atteindre. Mais, quelque inaccessible que soit ce but, il est nécessaire, cependant, de se diriger vers lui, d'essayer d'en approcher sans cesse ; il est nécessaire que les hommes et les peuples travaillent à détruire en eux les ferments de haine, de discorde, principes des divisions et des guerres. Ils le peuvent, s'ils le veulent ; il

---

(1) *La Paix*, p. 144.
(2) *La Morale et la loi de l'Histoire*, II, p. 327 ; *la Paix*, p. 121.

dépend d'eux de le vouloir. Gratry a eu l'ambition d'exciter cette
volonté, d'orienter cette résolution. Il l'a fait d'une voix éloquente et d'un cœur convaincu. Si l'analyse de sa doctrine la dépouille
de son vêtement somptueux, peut-être en fait-elle mieux ressortir
la solide valeur. En montrant dans la *Paix* le moyen nécessaire
du progrès de l'humanité, en dénonçant la guerre comme un crime
national qui charge lourdement le peuple ou le souverain qui la
cause illégitimement, Gratry est en accord avec tous ceux qui
ont médité sans passion ce grave problème ; sa doctrine est celle
des docteurs chrétiens.

En somme, il n'y a qu'un obstacle au développement du genre
humain : c'est le mal moral, c'est l'injustice née de l'égoïsme coupable. Cette injustice trouble, paralyse ou détruit les effets admirables, les forces salutaires de l'organisation naturelle et fondamentale ; elle va à ruiner cette organisation même. Elle méconnaît
la solidarité primitive et nécessaire et fait de l'homme, auxiliaire
naturel de l'homme, sa dupe et sa victime. Elle s'attaque à la famille dont elle dissout les liens sacrés ; à la propriété, qui devient
un moyen d'exploitation du faible par le fort ou une proie dont
l'injuste s'empare. Elle s'attaque à la patrie, en s'efforçant de
ravir par la conquête le sol et les richesses des nations.

Avant toute chose, afin de rendre au mécanisme social son jeu
naturel et sa puissance, il faut combattre l'injustice et amener les
hommes, en tant qu'hommes, et les hommes en tant que nations,
à pratiquer ces deux commandements : Tu ne déroberas pas ;
tu ne tueras pas. Gratry ajoute : tu ne mentiras pas. Il voit, avec
raison, dans le mensonge public, un crime social. Le mensonge
publié par le livre ou le journal engendre en effet, bien souvent,
des erreurs funestes. « La partialité mensongère des journaux
partage un peuple en deux moitiés, dont l'une voit blanc, l'autre
voit noir en face du même objet » (1). De là des colères, des dé-
fiances, des haines ; la lutte, la guerre, le fratricide ; au moins un
gaspillage déplorable des forces les meilleures, dans un perpétuel
pugilat de paroles, d'opinions, d'efforts et de tendances contraires,
qui affaiblit les plus vigoureuses nations.

Il y a un autre mensonge que le mensonge en parole : c'est le

---

(1) *Sources de la Régénération sociale*, p. 69.

mensonge en action ; et, par là, Gratry désigne les sociétés secrè-
tes (1), les conspirations qui agissent sournoisement dans l'ombre,
sous un masque. Or, le bien de la société ne saurait être produit
malgré elle, par une force sournoise qui prétend s'imposer en se
cachant.

Tels sont les maux qui affaiblissent l'humanité, qui entravent
son progrès et menacent de la précipiter dans la décadence. La
première tâche qui s'impose, c'est donc de les faire cesser. Il
faut que les hommes ne se dévorent plus entre eux, « soit maté-
riellement par la bouche ou les dents, comme les races cannibales,
soit physiquement aussi, comme les peuples civilisés, par la science
de l'extermination guerrière ; soit indirectement, par l'universelle
et criminelle avidité des hommes de proie dont l'Esprit-Saint a
dit : « Malheur à vous qui dévorez mon peuple comme on dévore
du pain !... » (2).

En présence du spectacle des souffrances infligées à l'homme
par la main criminelle de l'homme, le cœur de Gratry s'est gonflé
d'émotion et de tristesse : « Je pleure, s'écrie-t-il ; des larmes brû-
lantes creusent mes yeux. Presque chaque jour, pendant plusieurs
années, j'ai senti le ravage de ces larmes » (3). Cette douleur, il
veut la communiquer au monde entier, si possible. C'est qu'elle
est un principe de force, c'est qu'elle peut soulever les âmes jusqu'à cette sainte et triomphante indignation à laquelle rien ne
résiste. Saisis par elle, et éclairés sur leurs devoirs, les hommes
commenceront la lutte contre les obstacles au progrès humain
qui sont les crimes sociaux et l'égoïsme d'où ils naissent.

---

(1) *Sources de la Régénération sociale*, pp. 74, 76, 79.
(2) *La Morale et la loi de l'Histoire*, I, p. 168.
(3) *La Morale et la loi de l'Histoire*, I, p. 163.

CHAPITRE III

Les moyens

Il y a une loi du progrès, qui est une loi de justice et d'amour mutuel ; il y a des obstacles au progrès, qui sont des œuvres de haine, d'injustice, d'iniquité. Ne convient-il pas de se demander où en est le monde par rapport au progrès et par rapport aux obstacles ? Avant de déterminer davantage les moyens à employer pour favoriser le développement de l'humanité, ne faut-il pas s'efforcer de savoir à quel point de ce développement elle est arrivée ? Gratry considère cette question comme importante. Elle enferme en effet la vérification de la loi ou, plutôt, la loi même de l'histoire. « Car, qui connaît un point de la courbe connaît la loi de la courbe entière » (1). La considération du présent permet d'estimer le passé et de préparer l'avenir.

Quel est donc le point de l'histoire où nous sommes ? Un caractère éclatant le marque : celui du progrès scientifique. L'homme, longtemps écrasé par la nature, est parvenu à la connaissance de ses lois. Chaque jour, cette connaissance se développe ; la force de la nature, sous ses formes multiples, est devenue la servante de l'homme. Il l'a saisie, il la possède comme une esclave souple

---

(1) *La Morale et la loi de l'Histoire*, I, p. 177.

et docile. « Depuis un demi-siècle, nous commençons à dompter la terre avec des forces si nouvelles, avec une science et une puissance dépassant tellement tout ce qu'avait vu le passé, que nos pères de tous les siècles, même de celui qui créa les sciences, eussent appelé science et puissance magiques ce que nous voyons aujourd'hui. Nous nous sommes fait, par cette magie de science, des esclaves naturels par centaine de millions. Nous avons centuplé la vitesse de l'homme sur la terre et nous avons entouré le globe d'une ceinture qui transmet la pensée, d'un bout du monde à l'autre, avec la vitesse même de l'écriture ou de la parole. Les hommes de toutes contrées se parlent aujourd'hui comme s'ils étaient dans le même lieu » (1).

A l'égard de la nature se vérifie donc la loi du progrès : par la vérité, nous sommes parvenus à la liberté. La connaissance des lois nous donne la possession des forces ; nous ne sommes plus les esclaves de ces forces, comme lorsque nous brisions contre elles nos aveugles efforts ; nous les dominons et les conduisons et, par elles, nous centuplons notre pouvoir. « La foudre et le feu sont à nous. Nous tenons ce protée, principe du mouvement. La source du mouvement impérissable est en nos mains. Nous le pouvons multiplier sans terme..... tous les peuples peuvent se créer autant d'esclaves qu'ils le voudront » (2).

Ainsi, la première conséquence de la science des forces physiques, c'est l'affranchissement de l'homme à l'égard de ces forces qu'il gouverne en maître et en roi. « L'homme se délivre en faisant travailler pour lui la nature qui ne s'épuise pas et ces forces qui ne se fatiguent pas. Il se délivre des fardeaux matériels et il en charge la matière pour s'élever lui-même au travail humain » (3), qui consiste à conduire le mouvement des serviteurs inanimés de l'homme.

L'inépuisable force universelle de la nature travaille, sous la direction humaine, à tout ouvrage. « Dans quelques jours, cette force va labourer, semer et moissonner. Déjà, elle fabrique tout, transporte tout » (4).

_____

(1) *La Morale et la loi de l'Histoire*, I, p. 241.
(2) *La Morale et la loi de l'Histoire*, I, p. 185.
(3) *La Morale et la loi de l'Histoire*, I, p. 186.
(4) *La Morale et la loi de l'Histoire*, I, p. 182.

Grâce à cette aide, qui multiplie la puissance effective de l'effort de l'homme, les choses nécessaires à la vie physique sont produites avec plus d'abondance, en même temps que réparties avec plus de facilité ; elles circulent d'une extrémité du monde à l'autre, portées par la force domptée.

Et ce ne sont pas seulement les biens matériels qui circulent ; ce sont les idées, les pensées des hommes. Autrefois les nations étaient séparées par des distances infranchissables ; le genre humain était comme irréparablement morcelé en cinq mondes. Aujourd'hui, les peuples et les individus peuvent s'entendre instantanément d'un bout de la terre à l'autre. Le globe est vraiment un lieu unique qui renferme l'humanité rassemblée.

Nous sommes donc riches et nous pouvons être unis. Mais cette opulence et ces richesses, ce progrès matériel splendide, qu'est-ce que les hommes vont en faire ? S'en serviront-ils pour s'élever ? S'en serviront-ils pour se corrompre ? Car ces conquêtes peuvent être employées pour le bien ou pour le mal. Sans la justice et sans l'amour, sans la pratique de la loi morale, il arrive que tous ces biens ne sont pas des biens, mais l'instrument de maux plus grands aux mains de l'homme pervers. « A quoi bon rapprocher les hommes et les rassembler tous dans un même lieu, s'ils ne se réunissent que pour mieux s'opprimer ? A quoi bon leur donner toutes les forces de la nature, s'ils ne doivent s'en servir que pour s'exterminer les uns les autres ? A quoi bon toute la prodigieuse puissance de travail que déploient ces forces domptées, si l'esprit de folie et d'orgueil neutralise et détruit, par le luxe et la guerre, l'abondance des fruits du travail ?... » (1).

Mais, d'autre part, les progrès faits peuvent conduire à des progrès meilleurs. Quelle énergie pour le bien, pour le développement humain, offre cette facilité des communications qui supprime presque les distances. On sait les incroyables forces que déploient les foules, où se fait l'unité de la pensée et celui du vouloir. Or, il est maintenant possible de produire dans le genre humain des mouvements d'ensemble et de totalité. Aussi « la première fois que l'élan d'une grande conviction s'emparera d'un peuple, le frémissement électrique circulera au même instant par tout le globe. Alors l'humanité entière, pour la première fois, sentant

___

(1) *La Morale et la loi de l'Histoire*, I, p. 188.

ensemble et en même temps, s'élèvera dans son enthousiasme à des hauteurs de courage et de force dont l'histoire n'offre pas d'exemple » (1).

Quant au développement des biens matériels, il peut servir à diminuer la misère, à rendre plus général le bien-être nécessaire ; les applications industrielles des découvertes scientifiques peuvent adoucir le labeur quotidien et le rendre plus bienfaisant en le rendant plus fécond.

Tout cela est possible, si l'homme le veut, mais le voudra-t-il ? L'humanité luttera-t-elle contre les obstacles qui s'opposent à son progrès ou se précipitera-t-elle vers la chute ? « Nous avons conquis la nature. Il s'agit d'employer cette force, non pas à nous corrompre dans l'orgie ou à nous détruire par la guerre, mais bien à conquérir le monde social à la justice et à la liberté » (2).

Nous sommes à un moment solennel de l'histoire, à une heure de crise, d'autant plus grave que nous sommes devenus plus forts, que nous avons conquis, par une science nouvelle, une liberté nouvelle. Il reste à faire bon usage de cette liberté. Il faut accomplir « le plus difficile et le plus fécond des mouvements de l'humanité, ce mouvement libre, en vertu duquel l'homme, après la conquête de la terre, refuse de s'endormir dans ce premier monde et se décide à monter plus haut » (3). C'est le moment où la bonne volonté doit déployer toute son énergie.

Gratry s'efforce de percer les brumes de l'avenir, de découvrir comment l'humanité va se servir de ses nouveaux pouvoirs et quelle sera l'issue de cette crise de la liberté commencée depuis un siècle. La crainte le saisit parfois en face des erreurs et des iniquités qu'il voit dans le monde ; mais, bientôt, l'espérance fait entendre son chant triomphal. Les progrès déjà faits à travers les difficultés et les luttes ne sont-ils pas des raisons d'espérer ? La vérité, la justice, la liberté ont grandi sur la terre malgré les fautes désolantes et les étonnantes ignorances qui déshonorent le monde ; les temps modernes sont supérieurs aux temps anciens : les temps à venir ne seront-ils pas meilleurs encore ? Mais Gratry ne se repose pas dans une confiance paresseuse. Il est trop con-

---

(1) *La Morale et la loi de l'Histoire*, i, p. 198.
(2) *La Morale et la loi de l'Histoire*, ii, p. 45.
(3) *La Morale et la loi de l'Histoire*, ii, p. 44.

vaincu que la valeur du monde dépend de la volonté de l'humanité pour croire qu'il faut laisser celle-ci à elle-même dans la crise redoutable de son émancipation. Il s'agit de faire servir la liberté déjà acquise à la conquête d'une liberté plus haute et que le monde appelle de tous ses vœux. « Pendant que la vraie science des lois physiques se développe toujours et nous apporte de plus en plus la liberté au sein de la nature, n'apercevons-nous pas un autre fait immense, grand comme le monde moderne même, savoir : le désir, le besoin, la volonté et la nécessité d'un grand et vrai progrès de liberté politique et sociale ? » (1).

Or, on se rappelle la loi ; la liberté vient toujours de la vérité. Le progrès social ne peut venir que de la science sociale. « Les lois de la société, bien connues et scientifiquement appliquées, comme nous appliquons celles de la nature, nous donneront la liberté. Les forces fatales des masses humaines, de ces océans qu'on appelle des nations, où ne cesse de mugir la tempête de concupiscence, dans les ténèbres de l'ignorance et de la colère, et où les hommes, jusqu'aujourd'hui, s'écrasent l'un l'autre par milliers et milliers, ces forces, quand elles seront bien connues dans leurs lois et appliquées selon leurs lois, deviendront dans nos mains, comme celles de la nature, des pouvoirs magnifiques et féconds pour le progrès du monde dans l'ordre et la liberté » (2).

L'esprit humain d'ailleurs, Gratry le constate, s'intéresse de plus en plus aux phénomènes sociaux. Depuis un siècle bientôt, la science sociale commence à se déployer ; on cherche la vérité dans l'ordre social ; on ambitionne la connaissance précise, scientifique, expérimentale des lois et des forces sociales. « Les sciences morales et politiques, l'histoire, l'économie politique et sociale, voilà le groupe des sciences qui occupe aujourd'hui les esprits. Ce n'est plus la physique, la mécanique ni les mathématiques, c'est l'économie politique, la science de l'homme en société qui constitue le rayon propre du moment présent » (3).

Mais si la vérité sociale commence à se lever comme une aube remplie de promesses, d'où vient, cependant, qu'elle a si peu d'efficacité ?. Gratry, en effet, voit « la science sociale magnifique

(1) La Morale et la loi de l'Histoire, i, p. 256.
(2) La Morale et la loi de l'Histoire, ii, p. 17.
(3) La Morale et la loi de l'Histoire, i, p. 258.

et pleine d'espérances, dans la minorité qui la possède, éclairer
et consoler les esprits. Elle annonce et promet et demande avant
tout la justice, la liberté, la paix » (1). Et sa lumière ne semble
pas avoir apporté ces biens au monde. Le mépris le plus insolent
de toute justice et de toute liberté ne règne-t-il pas ? Et la folie
de la guerre ne cesse de dévorer la substance des peuples. Serait-
ce donc que la science est impuissante ?

La science seule ne saurait, en effet, produire le progrès social.
La vérité ne conduit à la liberté que si l'on demeure dans la loi
de justice. Si l'on s'en écarte, la science demeure stérile. Les
forces humaines n'obéissent pas fatalement, comme celles de la
nature, à la loi qui les gouverne. On fait de la chaleur et de l'électricité ce que l'on veut, quand on connaît leurs lois. Les forces
humaines, elles, sont des forces libres, et libres dans le cœur de chaque homme. Il ne suffit donc pas d'en connaître les lois, il faut
faire accepter, vouloir, réaliser les lois ; il faut faire entrer en chaque âme, ou au moins dans un grand nombre d'âmes, la volonté,
l'amour de la justice. Ce n'est pas seulement la science sociale,
c'est surtout la liberté morale qui peut donner la liberté sociale,
l'harmonie où chaque homme verra sa force propre multipliée
par celle de tous (2).

En d'autres termes : « Un progrès de vigueur morale est en tout
temps l'unique ressource du genre humain, ressort de tout progrès » (3). — « Ce grand progrès des sociétés... que Dieu veut, que
le genre humain pressent, est absolument impossible sans un très
décisif progrès de cette morale individuelle, banale, quotidienne
et ancienne... » (4) qui triomphe dans le cœur de l'homme des passions égoïstes et qui va à effacer du monde la haine et le meurtre,
le mensonge, l'oppression et la spoliation, la sensualité basse et
corruptrice.

Qu'en résulte-t-il ? C'est que, si l'on veut vraiment aider l'humanité, de tout son pouvoir, à s'élever, à s'améliorer, il faut d'abord
lui apprendre que le progrès social dépend du progrès moral, que
la science sociale se ramène à la science du devoir. Aussi peut-on

---

(1) *La Morale et la loi de l'Histoire*, I, pp. 258-259.
(2) *La Morale et la loi de l'Histoire*, II, Voir pp. 26-27.
(3) *La Morale et la loi de l'Histoire*, I, p. 266.
(4) *La Morale et la loi de l'Histoire*, I, p. 52.

dire que le rôle, le devoir social de tout homme qui veut travailler au bien de l'humanité est surtout intellectuel : « Il faut connaître la science du devoir, la faire connaître, la développer, la répandre le plus promptement possible, dans toutes les classes du peuple, chez tous les peuples » (1).

' Sans doute, on ne saurait changer la nature humaine ; mais par l'enseignement, par l'éducation, on peut guérir quelques-unes de ses plaies. Les hommes, pour la plupart, pèchent plus par ignorance que par perversité. Il faut donc les éclairer pour parvenir à les corriger, à les élever. En réalité, « nous sommes bien loin de nous douter des forces d'éducation qui sont en nos mains. Et comment pourrait-on prévoir ce qui arrivera quand une partie des forces gigantesques, consumées par la guerre, seront tournées en sublimes entreprises d'enseignement et d'éducation, et quand tant d'êtres héroïques qui, ayant pris l'épée, périraient par l'épée, prendront, au lieu du glaive de mort, prendront en main ces flambeaux lumineux, ardents, sacrés, dont parle l'Evangile, pour répandre la vie sur la terre » (2).

La lumière de la vérité, répandue dans la société par l'ardente parole d'hommes dévoués au bien de tous, cette lumière délivrera les forces morales refoulées, latentes et inconnues en tant d'âmes humaines ; elle produira l'union de ces forces rassemblées et mêlées dans un commun effort pour le développement du genre humain.

Il faut donc faire connaître aux hommes les moyens du progrès social et, tout d'abord, l'obstacle à la liberté, qui est le mal sous ses diverses formes. « Quand la lumière pénètrera tous les mystères d'iniquité ; quand on saura, comme on commence à le savoir, ce que coûte une révolution, ce que coûte une guerre, ce que coûte chaque cadavre couché sur le champ de bataille ; quand les effets du luxe, homicide lui aussi, auront été mesurés ; quand l'escroquerie savante, légale et illégale, aujourd'hui en plein règne, sera clairement démasquée par la science, et populairement connue dans ses formes et dans ses méthodes ; quand on calculera ce qu'un réseau de spoliation financière, savamment étendue sur un peuple, peut détruire de familles et faire mourir d'hommes chaque année ;

(1) *La Morale et la loi de l'Histoire*, II, p. 328.
(2) *La Morale et la loi de l'Histoire*, I, p. 236.

quand cette partie de la justice sera vulgairement connue et ensei-
gnée, ce sera là, sans doute, un grand pas vers la liberté. Les peuples sauront mieux se défendre... et le nombre des *voleurs sans
le savoir*, qui opèrent aujourd'hui, sera certainement réduit lorsque
tout vol sera partout qualifié par son nom » (1).

Abolir le meurtre et le vol, voilà la première tâche que les hommes
ont à accomplir, le premier degré de moralité dont il faut leur
apprendre l'urgente nécessité.

A vrai dire, si grande est la vigueur de l'organisme social, que
cet étrange minimum de justice : ne pas tuer, ne pas voler, et même,
la modération dans le vol et l'homicide suffit pour lui donner une
santé robuste. Telle est, en effet, la souplesse, la prévoyance de
l'organisation providentielle, sa fécondité en ressources, qu'elle
pardonne sans cesse les mille fautes quotidiennes commises contre
sa loi. La société est comblée de l'inexplicable indulgence d'une
vitalité magnifique, à laquelle il suffit qu'une partie du peuple
obéisse pour que l'autre se soutienne. Mais cette vie diminuée
ne saurait satisfaire. L'humanité peut et doit s'élever vers une
plus abondante liberté. Et la science de la justice ne se borne pas
à enseigner qu'il ne faut pas s'emparer du bien d'autrui ou de sa
vie. Elle enseigne encore comment il faut faire usage des richesses
légitimes et du droit appuyé sur la force. Elle n'apprend pas seulement à respecter les fondements naturels de la société : elle dit
comment il faut développer ces données et parvenir, par une justice plus haute, à une vie sociale plus harmonieuse et plus abondante.

« L'ordre social est un niveau : c'est le niveau de l'égoïsme mitigé, tempéré par la justice et la raison, et bridé par la loi » (2).
On peut tomber au-dessous de ce niveau, par l'égoïsme triomphant,
dans l'injustice, et aller du règne de la loi au règne de la force, de
l'audace et du brigandage. On peut s'élever au-dessus, avancer
de l'égoïsme mitigé à l'égoïsme vaincu, de la stricte justice à la
fraternité.

Comment y parvenir ? L'enseignement des lois de l'histoire,
la diffusion de la science du devoir suffira-t-elle à ordonner, à diriger et à discipliner ces forces libres du genre humain qui garde le

---

(1) *La Morale et la loi de l'Historie*, ii, pp. 24-25.
(2) *Sources de la Régénération sociale*, p. 81.

· pouvoir de transgresser les lois qu'il a appris à connaître ? C'est
le droit, et même le devoir, des cœurs et des esprits vivants de
travailler à changer le monde. Mais devront-ils se servir de la
force pour répandre la lumière, pour établir le règne de la justice
et de la raison ? C'est une tendance de la nature humaine de s'im-
patienter de l'obstacle, de dédaigner le bien lorsqu'il se présente
mélangé d'imperfection et de mal. On méprise le bien relatif que
l'on possède, « on attend un présent meilleur pour l'exploiter, et
ce présent meilleur ne peut venir que du présent réel que l'on
délaisse et que l'on détruit. Et les méchants, par leur noir et sinis-
· tre esprit, et les bons, par leur impatience exaltée, ou par leur inquiétude ingrate, conspirent dans ce dédain » (1). Ou bien, à la vue
du mal qui ruine le monde, des sanglantes iniquités qui couvrent
la terre, une colère frémissante brûle les reins de celui qui souhaite
d'être l'ouvrier de la justice. Il veut employer contre le méchant
la force et la violence ; au moins crier très haut son indignation,
employer l'imprécation acérée qui perce, qui punit, qui flétrit.
Mais la colère ne sert de rien. Et c'est une souffrance profonde,
pour l'âme d'une bonne volonté loyale, que de voir l'impuissance
de ses révoltes ardentes, qui ne sauraient procurer le bien des hommes, si vivement désiré. « Oh ! Dieu ! s'écrie Gratry, voir qu'on possède la vérité, qu'on soutient la justice, et voir le mal et les ténèbres les vaincre et les fouler aux pieds ! Et sentir en même temps
que les forces de l'âme entière, décuplées par l'indignation, et, s'il le
faut, par le courage jusqu'à la mort, n'y peuvent rien ! Ah ! voilà
le comble de la douleur et de la tentation ! » (2).

Ce n'est pas la passion, ce n'est pas la colère, ni le tumulte,
ni la violence qui donneront la liberté en délivrant le monde de
l'obstacle de l'iniquité. La sombre violence qui brise et tue pour
vivifier est une cause de décadence, et non pas de progrès. Lorsqu'elle intervient, elle arrête l'essor des hommes, elle entrave la
prospérité des nations et les fait reculer, quelquefois pour longtemps.

Gratry trouve dans l'histoire les preuves de ces effets de la violence. Il voit croître, avec l'absolutisme du pouvoir royal en France,
les inégalités, les injustices, l'oppression. Louis XIV, le plus abso-

---

(1) *La Morale et la loi de l'Histoire*, I, p. 62. — *Les Sources*, 2e partie, p. 263.
(2) *La Paix*, p. 39.

lu de tous les rois, laisse le pays écrasé d'impôts, ruiné par les guerres, ravagé par la famine. La force des maîtres, en s'imposant
par une domination de plus en plus rigide, a mis la nation dans un
état d'affaiblissement (1). C'est là l'œuvre des violents d'en haut.

Mais voici que, vers la fin du XVIIIᵉ siècle, un puissant mouvement
vers la liberté et la justice se fait sentir. Lentement préparé par
le travail secret qui se poursuit au cours des siècles, tant que le
mal n'a pas extirpé tout à fait le germe du bien, ce mouvement
apparaît aussi comme une réaction contre les excès du régime
absolutiste, et comme le fruit des enseignements de ceux qui ont
commencé la science sociale : des Fénelon, des Vauban, des Quesnay, des Montesquieu... (2). La France veut faire régner la justice en pratique, la justice pour autrui, comme pour soi. Avec
M. de Tocqueville (3), Gratry admire, aux débuts de la Révolution française, ces efforts presque unanimes vers une réforme
que souhaite ardemment l'âme de la France. « On a vu souvent,
dans l'histoire, des hommes se soulever et demander la justice
pour eux-mêmes. Ici, dans tout un grand peuple, les hommes
les plus puissants, les plus éclairés, les plus heureux se soulèvent
et demandent la justice pour les autres. Ici, je vois les grands
et les forts se lever pour faire justice aux petits et aux faibles et
pour établir enfin ce que le monde n'avait jamais vu, la liberté
civile et l'égalité politique » (4).

Cette admirable volonté de justice, qui constitue un incom-
parable progrès, va être brisé. L'élan magnifique de la nuit du
4 août ne pourra porter tous ses fruits. C'est que la violence intervient dès le premier jour : elle retourne le mouvement et le hâte
vers la chute. Les violents d'en bas, tyrans redoutables et
féroces, prétendent faire régner la justice absolue et la raison par
la force, par la haine, par l'émeute permanente, le despotisme,
l'échafaud, la terreur, le poignard et le mépris de Dieu. Et voilà
que les guerres extérieures s'ajoutent aux troubles du dedans.
Au lieu de la rénovation pacifique qui allait à faire une France
heureuse et prospère, la folie des violents précipite la nation dans

---

(1) *La Morale et la loi de l'Histoire*, II, pp. 153 à 164.
(2) *La Morale et la loi de l'Histoire*, II, pp. 140 à 144.
(3) *L'ancien régime et la Révolution.*
(4) *La Morale et la loi de l'Histoire*, II, p. 144.

de longues et sanglantes luttes, dans un malaise politique et social dont elle essaiera de sortir par maints efforts douloureux (1).

Ainsi Gratry démêle dans la Révolution deux éléments (2) : l'un, fondé sur la justice, représente un progrès social ; l'autre, fait d'iniquité et de violence, va à détruire le premier et à jeter la France dans le sang et dans les ruines. Suivant que l'on considère l'une ou l'autre face de cet événement, on l'approuve ou on le condamne, on y voit une tentative de renouvellement ou, au contraire, un obstacle au développement dans la justice et dans la liberté.

On le voit donc : la force brutale et inique est un redoutable adversaire de toute amélioration sociale. La race des violents, des tyrans, des emportés, introduit dans les élans vers le bien social cet esprit de vertige qui opère en tout le contraire de ce qu'il prétend et, dans le phénomène appelé Révolution, « amène l'égorgement au cri de la fraternité, la servitude et la terreur au cri de la liberté, la dictature universelle et absolue au cri de république universelle » (3).

En discernant dans la Révolution l'élément criminel et mortel qui se mêle à l'effort de renaissance, d'amélioration, et le compromet, on voit clairement que : « il n'y a qu'une loi du progrès, la justice, et un seul obstacle au progrès et à la justice, la violence qui prend et qui tue » (4). Les peuples qui prétendent améliorer leur état politique ou social par des soulèvements à main armée, par des luttes fratricides, reculent vers la barbarie. Ils travaillent à la ruine de leur patrie, qu'ils affaiblissent, et à celle du parti qu'ils prétendent soutenir. « L'effet d'un soulèvement à main armée est toujours, et sans exception, de retarder ou d'empêcher le triomphe de la cause pour laquelle il est entrepris » (5). Les « prétendues conquêtes politiques ou sociales obtenues par la guerre, par le sang, par le fer et le feu, il (le peuple) les voit disparaître comme un fantôme entre ses mains. Les chartes sont modifiées, les mœurs ne le sont pas : la liberté ne grandit pas, et la fraternité recule, parce qu'elle voit partout des traces de sang » (6).

(1) *La Morale et la loi de l'Histoire*, II, pp. 145 à 152 ; 164 à 168.
(2) *La Morale et la loi de l'Histoire*, II, pp. 171 à 192.
(3) *La Morale et la loi de l'Histoire*, II, p. 184.
(4) *La Morale et la loi de l'Histoire*, II, p. 191.
(5) *Sources de la Régénération sociale*, p. 26.
(6) *Sources de la Régénération sociale*, p. 29.

Et si l'on doit condamner les instigateurs coupables de ces égor-
gements entre frères, on ne saurait admirer les égarés qui les ont
suivis, les héros de ces champs de bataille deux fois douloureux :
« L'homme qui a montré du courage dans ces luttes fratricides
a été trompé dans l'emploi de son courage et de sa force ; c'est le
plus à plaindre de tous les hommes. Il croit mourir pour sa patrie
et meurt contre elle. Il frappe sa mère en pensant la défendre » (1).

Gratry proscrit donc avec énergie l'emploi de la force, qui prétend
amener par la violence le triomphe de la cause qu'elle sert. Toute
lutte sanglante, eût-elle pour but le progrès politique et social
par l'établissement d'une réforme nécessaire, par l'abolition
d'un pouvoir pervers ou tyrannique, toute révolte armée est toujours condamnable. Elle est nuisible, en effet, car elle constitue
« un obstacle et non pas un moyen, et qu'il n'est pas permis, ou
qu'au moins il est absurde, quand on veut arriver à un but, de
prendre la voie qui en éloigne » (2). Elle est, de plus, criminelle,
puisqu'elle s'attaque à la vie, au bien, au droit d'autrui qui se
dresse en face de notre droit, qui peut s'y opposer ou le gêner,
mais que nous ne devons pas réduire dans l'emportement d'une
violence qui est, quel qu'en soit le motif, une passion injuste et
tyrannique.

Est-ce à dire qu'il faut renoncer à secouer le joug d'un despote,
à délivrer la société de l'oppression et du danger d'un gouvernement mauvais ? En aucune sorte. Mais il y a d'autres moyens que
le fer et le feu de secouer un pouvoir tyrannique. Saint Thomas
d'Aquin, qui reconnaît au peuple, en certains cas, le droit de dé-
poser ses chefs, ajoute qu'il n'est pas permis de procéder par violence privée, mais par voie d'autorité publique. Le courage civil,
l'énergie qui se fonde sur la conscience du droit, voilà le seul moyen
de procurer le progrès social. « L'incontinence de la force ruine
la force » (3). Son aveugle fureur n'est jamais à la fin que faiblesse
et ruine. Au contraire, l'ardeur qui se dompte, la force qui se
contient au lieu d'éclater en violence, assure le triomphe final
de la cause qu'elle soutient. Comme le dit Thiers : « Fût-on la plus
belle et la plus généreuse des révolutions, fût-on le plus grand

(1) *Sources de la Régénération sociale*, p. 27.
(2) *Sources de la Régénération sociale*, p. 28.
(3) *La Paix*, p. 131.

des hommes, *se contenir* est le premier devoir, *se contenir* est le grand secret pour être honnête, pour être habile, pour être heureux ».
« Se contenir, c'est, ajoute Gratry, s'arrêter en face du droit d'autrui. C'est savoir respecter la justice, lors même qu'elle semble nous éloigner du but. C'est se dompter, se résigner à vaincre par l'honnêteté, dans la patience et le travail » (1).

La force qui peut réaliser le progrès social, c'est donc la force pacifique qui commence par respecter la loi de la justice qu'elle prétend établir, cette justice dont le minimum consiste en ces deux points : ne pas tuer, ne pas voler. C'est la force qui est convaincue « que toute tache de sang est, pour une cause, le plus grand des obstacles » (2), et que notre premier devoir envers la société est « de rayer absolument de nos pensées et de nos mœurs l'homicide et la guerre civile comme moyen de progrès social » (3).

L'histoire montre d'ailleurs l'efficacité de cette force pacifique lorsqu'elle applique sa tenace et patiente énergie à la réforme de la société. C'est en Angleterre que Gratry va chercher des exemples de ces efforts qui, sans violence, par le jeu même des institutions, procurent peu à peu et sûrement des transformations bienfaisantes. Ainsi « O'Connell, sans verser une seule goutte de sang, sans violer une seule loi, a obtenu pacifiquement, par un indomptable courage civil, ce que les plus sanglantes révoltes n'avaient jamais que reculé » (4). C'est ainsi encore que des hommes, épris sincèrement et loyalement du bien public, sont parvenus à faire abolir le monopole des grains et à donner à la nation l'entière liberté du pain. Et cette abolition, qui semblait sacrifier l'agriculture à l'industrie, sert au développement de l'une et de l'autre (5). C'est aussi un progrès dans la liberté et la justice que cette substitution pacifique qui remplace, en 1850, le vieux système fondé sur l'oppression des colonies par le régime d'autonomie. Et, bien loin de souffrir de cette réforme libérale, l'Angleterre s'est ainsi assuré la loyale fidélité de ses possessions.

---

(1) THIERS : *Histoire du Consulat et de l'Empire*, t. XVII, ch. LIII, p. 899. — GRATRY, *la Morale et la loi de l'Histoire*, II, p. 185.
(2) *Sources de la Régénération sociale*, p. 35.
(3) *Sources de la Régénération sociale*, p. 35.
(4) *Sources de la Régénération sociale*, p. 30.
(5) *La Morale et la loi de l'Histoire*, II, p. 121. — V. *Discours de L. Ashburton à la Société royale d'agriculture*, 1853.

Ainsi, la recherche désintéressée de la justice, le courage qui affronte à ses dépens tous les obstacles, la résolution d'être, s'il le faut, victime pour une cause juste, et la volonté de n'être jamais bourreau, telles sont les dispositions qu'il faut apporter dans la lutte nécessaire pour le progrès social. C'est que le bien ne peut avoir pour cause que le bien ; la justice ne peut provenir de l'injustice. « Le progrès social, c'est le progrès de la fraternité. Or, on n'établira jamais le règne de la fraternité que par la contagion de la fraternité. Ceux qui veulent la fraternité doivent débuter, contre ceux qui n'en veulent pas, par être frères, même avec ces adversaires qui ne veulent pas être frères avec eux. « Il faut être un, comme le dit Bossuet, même avec ceux qui ne veulent pas être un avec nous » (1).

Aussi, « la douceur, c'est la plénitude de la force » (2). Et cette douceur, moyen suprême, moyen unique de faire régner dans le monde plus de justice, de vérité, de liberté, cet esprit de paix et de patience, ne se borne pas à proscrire l'effusion du sang, mais aussi ces rivalités, ces discordes qui mettent aux prises les partis et les classes. En effet, chacun ne voit-il pas dans l'autre l'obstacle au bien, l'ennemi qu'il faut détruire (3) ; on se déchire au lieu de s'unir, comme si c'était le brisement des forces qui constitue l'énergie ; on se hait au lieu de s'aimer ; on juge les autres, au lieu de se juger soi-même. Et quels jugements aveugles, haineux, mortels, passionnés jusqu'à la folie, emportés jusqu'au mensonge ! De telle sorte que : « En tout parti et en tout groupe, toute parole de timide justice envers le groupe adverse est trahison et lâcheté » (4). Et, tandis que l'on exagère les torts de l'adversaire, on ne voit pas les siens. C'est cependant ceux-là qu'il importe de voir. « Qu'arriverait-il si chaque groupe humain, homme, peuple, secte, classe ou parti, ôtait d'abord l'iniquité chérie et l'absurdité caressée qui fait le fond de tout esprit partial ? » (5).

---

(1) *Sources de la Régénération sociale*, p. 33.
(2) *Commentaire sur l'Évangile* selon saint MATTHIEU, t. 73.
(3) « Nous nous traînons encore dans l'ornière fausse des débats politiques du vieux monde et dans ses traditions de haine inextinguible entre les parties d'un même peuple et les ordres d'un même État. Chacun reproche aux autres, avec fureur, les maux de tous ». — *Méditations inédites*, p. 115.
(4) *Commentaire sur l'Évangile*, p. 136.
(5) *Commentaire sur l'Évangile*, p. 137.

Si chacun n'avait de haine que contre le mal, et d'abord contre celui qu'il porte en soi ? Alors, on s'efforcerait de se corriger; alors on pourrait demander à autrui justice et vérité, mais on le ferait sans aigreur, sans fureur, car ce sont là des fautes, et l'on voudrait fuir toute faute ; on le ferait avec un zèle à la fois ardent et doux, avec une fermeté indulgente, et, surtout, avec une confiance inébranlable en la force absolue de la justice de Dieu.

On l'a vu, les faits montrent que la loi morale, qui est la loi de l'histoire, reçoit sa sanction dans les conséquences qui découlent pour les nations des procédés de réformes qu'elles emploient. Et, non seulement la violence sanglante, mais encore les divisions, les haines, les mutuels mépris anéantissent les meilleures forces d'un peuple. Sans cesse se vérifie cette loi fondamentale des rapports sociaux : que le bien de l'un, c'est le bien de l'autre ; que le mal de l'un, c'est le mal de l'autre ; que, par conséquent, celui qui cherche à procurer le bien des autres, fût-ce par le sacrifice de soi-même, récolte tôt ou tard la récompense de sa générosité. Au contraire, celui — homme, peuple, classe ou parti — qui, dans son égoïsme, espère arriver par le sacrifice des autres au triomphe de son intérêt, celui-là sera tôt ou tard puni. Toute l'histoire, toute notre histoire, est la vivante écriture, en caractères gigantesques, de cette loi de justice, d'amour et de paix, qui se réalise en terribles revanches contre ceux qui la transgressent.

Lorsque le respect de la justice est entier, lorsque les armes de combat sont le sacrifice, et l'amour, et l'oubli de soi jusqu'à la mort, quel magnifique et pur triomphe ! Tel est celui du christianisme. Gratry nous montre, dans une vision sublime, la marche victorieuse et pacifique des chrétiens martyrs : « La glorieuse armée des martyrs avançait sans frapper, sans maudire, sur ceux qui les frappaient et les maudissaient. Ils se laissaient percer, couper, cribler, scier, déchirer et brûler par les poignards, les haches, les flèches, les lances, les chevalets et les bûchers. Ils avançaient toujours, grandissant en courage, en décision, en enthousiasme, en nombre, pendant qu'on les exterminait. A mesure que les derniers degrés de la fureur et de la rage s'exhalaient sur leurs membres, les martyrs grandissaient et avançaient sur ceux qui les frappaient, comme des êtres immatériels sur lesquels le fer ne peut rien. Ainsi luttaient les deux armées, les païens tuant avec rage, et chaque chrétien tendant la main, dans la mêlée, au plus proche ennemi. « Frère, disait-il, laisse-là ton arme, elle ne peut rien ; vois ma main pacifique, donne-moi la tienne et viens vaincre avec nous ». Et beaucoup de païens, éperdus, confondus de cette manière inouïe de combattre, laissaient tomber leurs armes aux pieds des désarmés et passaient dans les rangs des chrétiens. Et l'armée pacifique croissait, croissait toujours, sous le fer qui la décimait, jusqu'au moment où toutes les armes tombent et où il n'y a plus qu'une seule armée » (1).

C'est de la sorte, avec cette force immense et nouvelle, cette force qui ne se sert pas d'armes et qui accepte bien de mourir, mais non pas de tuer, que Gratry voit la Pologne lutter contre ses oppresseurs (2). Voici un peuple qui se lève et qui réclame sa liberté, mais il n'a point de fer ni de feu en ses mains et, sur ses lèvres, il n'y a ni imprécations, ni menaces. Sous les coups, ce peuple prie et chante ; il chante l'hymne de la Patrie. Et à ce peuple se fait entendre la noble voix de ses poètes, qui l'exhorte au sacrifice et au courage : « O ma Patrie ! s'écrie l'un d'eux, dans ton combat contre l'enfer de ce monde qui se dresse contre toi, sois cette force tranquille et aimante contre laquelle l'enfer ne prévaudra jamais » (3).

Et, si la Pologne n'est pas encore libre, cependant elle mérite sa liberté ; elle atteste, par ses protestations héroïques, l'immortalité des nations ; elle donne à l'histoire de l'humanité l'une de ses plus sublimes beautés, et à la vie libre des peuples l'un de ses plus féconds exemples.

Mais si l'on doit lutter toujours avec des armes pacifiques (4), s'il ne faut jamais employer que la force de la patience et de l'amour, il en résulte que l'on devra s'abstenir, non seulement de toute attaque violente contre autrui, de toute lutte injuste, mais encore de tout combat, de toute guerre ? Et, en effet, Gratry est parfois si enthousiasmé de la divine beauté du sacrifice qui s'immole, de la douceur qui supporte, qu'il semble préférer à toute défense le pardon et l'amour. A la vengeance qui médite de rendre

_____

(1) *Sources de la Régénération sociale*, pp. 31-32.

(2) *La Paix*, pp. 158-165.

(3) KRASINSKI, cité : *la Paix*, p. 192.

(4) « Le soulèvement pacifique, patient, persévérant des esprits, des consciences et des cœurs, voilà la justice, voilà l'irrésistible force, qui aujourd'hui, plus que jamais, suffit à tout ». — *Mois de Marie de l'Immaculée Conception*, p. 3??.

le mal pour le mal, il oppose la générosité sublime qui résiste au
mal par le bien. N'est-ce pas là le progrès que le christianisme
apporte à la justice de l'ancien monde ? Alors, déjà, la loi ordon-
nait aux hommes : « Vous ne tuerez point ». Mais Jésus n'a-t-il
pas recommandé de ne point répondre à l'injure par l'injure ?
de ne pas même rendre le soufflet que l'on a reçu ? (1) — Et, s'il
en est ainsi, les hommes les meilleurs ne sont-ils pas obligés de
demeurer les victimes silencieuses des injustes et des violents, ne
doivent-ils pas compter uniquement sur un triomphe lointain
du droit, triomphe qui aura lieu peut-être ici-bas, ou peut-être
ailleurs, en vertu de la force souveraine de l'immolation à laquelle
ils se résignent ?

Quelle est donc exactement l'attitude du P. Gratry dans cette
question délicate ? Il admet, nous l'avons vu, la guerre défensive
contre l'étranger qui menace la Patrie ; il affirme aussi que « la
défense personnelle est permise contre l'agression du brigand ;
la défense sociale est permise contre l'assassinat social » (2). Mais,
dans tous ces cas, qu'on le remarque, on réprime par sa résistance
le danger d'une agression ; on combat pour échapper à un mal
menaçant : « C'est un assassinat qu'on évite, ce n'est pas un progrès obtenu » (3).

Il en va autrement, en effet, lorsqu'on veut produire un progrès,
soit en répandant des idées que l'on croit bonnes, soit en essayant
de réaliser des réformes qui semblent désirables. L'homme épris
du bien de l'humanité, le citoyen qui souhaite le progrès social,
se proposent de véritables conquêtes. Et si noble, si légitime que
soit le but qu'ils poursuivent, ils ne sauraient se servir, pour l'atteindre, des armes, ou de tout autre violence, sans se poser en agresseurs. Or, toute agression contient une injustice ; elle est un atten-
tat brutal qui s'attaque à la liberté, à la vie, au droit d'autrui.
Aussi, celui qui se sert de la violence, dès qu'il s'en sert, déserte
en réalité la cause du progrès qu'il prétend servir et devient au
moins aussi coupable que ceux qu'il menace.

Gratry distingue donc très justement le fait de repousser par
la force le malfaiteur qui s'apprête au crime et celui de prétendre

(1) V. *La Paix*, p. 45.
(2) *Sources de la Régénération sociale*, p. 34.
(3) *Sources de la Régénération sociale*, p. 34.

accomplir, également au moyen de la force, le bien de l'humanité. Dans ce dernier cas, il ne reconnaît comme permise qu'une lutte pacifique, où le seul glaive est celui de l'esprit, où les seules armes sont la patience, l'amour, le courage jusqu'au sacrifice, non pas des autres, mais de soi. « Le progrès ne s'obtient jamais que par une main, une bouche, une poitrine désarmée » (1). La douceur, et non pas la violence, voilà l'unique et infaillible procédé du progrès social.

Mais, lorsqu'il s'agit d'un peuple vaincu, qui réclame sa liberté, faut-il lui interdire de la revendiquer par les armes ? Gratry ne va-t-il pas trop loin lorsqu'il assimile l'émancipation de la Pologne à un progrès social qui doit se réaliser pacifiquement ? Dans ce cas, dans des cas analogues, ne peut-on trouver les motifs d'une guerre juste, de celles dont Gratry lui-même a reconnu la légitimité ? Ne se trouve-t-on pas alors en face de ces voleurs et de ces assassins contre lesquels il est de droit naturel et de devoir universel d'employer le sabre et le bâton ? (2) L'agression est passée ; le forfait est accompli. Gratry préfère l'héroïsme des lents et pacifiques efforts pour l'affranchissement aux sursauts violents de la lutte sanglante.

Cette lumière qu'il faut répandre afin d'aider les hommes à devenir meilleurs en les éclairant sur leurs devoirs, où la trouvera-t-on ? Et où trouvera-t-on la force à la fois irrésistible et pacifique qui peut arracher du cœur humain les passions, l'égoïsme qui en est la racine et qui cause le mal moral, obstacle au développement de l'humanité ? Qu'est-ce qui pourra élever l'âme des individus et des peuples au-dessus des convoitises séduisantes, des sollicitations de l'ambition, de la violence spoliatrice et homicide ?

C'est dans l'Evangile que Gratry trouve les vérités qui fondent la science sociale, en même temps que la force qui doit aider à appliquer les lois. Il est temps, selon lui, d'aller chercher dans l'Evangile les principes de la science nouvelle, des lois de la vie des nations. Les paroles du Christ, dans lesquelles on a puisé surtout les règles de la morale individuelle, renferment celles de la morale sociale, qui, d'ailleurs, ne diffère pas de l'autre. Il s'agit de déployer davantage le sens de ces paroles divines, de décou-

---

(1) *Sources de la Régénération sociale*, p. 34.
(2) V. *Commentaires sur l'Evangile selon saint Matthieu*, 11, 284.

vrir des vérités, des nouveautés et des lumières cachées, ensevelies jusqu'à ce moment, mais que la clarté des faits nouveaux qui se développent dans le monde commence à mettre au jour. La science de l'homme en société, qui débute, « se trouve n'être pas autre chose que la traduction scientifique et la vérification par l'histoire et par l'expérience de l'un des sens de l'Evangile » (1), son sens social. Est-ce que la plupart des tribuns du progrès social, même les plus exaltés (et Gratry cite Proudhon), ne proclament pas aujourd'hui « que l'ordre, la liberté et la prospérité sont partout et toujours proportionnels à la moralité. Et par moralité, ils entendent, comme nous, la sobriété, le travail, la chasteté, la vie pure et austère de la famille, et la recherche du bonheur dans les joies de l'esprit et de l'âme » (2). Par ce désir de transformer la société dans la justice, ces hommes se trouvent en secret accord avec l'Evangile ; ils le suivent à leur manière, sans le savoir et sans le vouloir. Ou, plutôt, ce sont les influences séculaires du christianisme qui les inspirent à leur insu et qui les amènent à concevoir cet idéal de fraternité, si inconnu à l'antiquité païenne.

C'est dans l'Evangile, en effet, que se trouve la loi d'amour qui invite à remplacer les divisions et les haines par l'union et la concorde, qui demande aux hommes de faire à autrui ce qu'ils voudraient fait à eux-mêmes. C'est lui qui proclame au genre humain, emporté par la fougue de ses colères, par l'âpre ardeur de ses vengeances, ces étonnantes et sublimes vérités :

« Heureux ceux qui sont doux, parce qu'ils posséderont la terre !

» Heureux ceux qui ont faim et soif de la justice, parce qu'ils seront rassasiés !

» Heureux les pacifiques, parce qu'ils seront appelés enfants de Dieu ».

Et, « tout l'Evangile est le code du progrès. Tout l'Evangile n'est qu'exhortation au progrès, annonce et promesse du progrès, révélation des sources du progrès » (3). Le Royaume des Cieux qu'il annonce, il le représente sous des images de développement et de croissance (4).

---

(1) *La Morale et la loi de l'Histoire*, 1, p. 238.
(2) *La Morale et la loi de l'Histoire*, 1, p. 52.
(3) *La Morale et la loi de l'Histoire*, 1, p. 276.
(4) *La Morale et la loi de l'Histoire*, 1, p. 277. — « Le Royaume de Dieu est semblable au ferment que l'on met dans la pâte et qui fermente jusqu'à ce

N'est-ce pas d'ailleurs un accroissement (1) qu'il vient apporter ? Est-ce que la justice qu'il demande n'est pas plus abondante que la justice des anciens, lorsqu'il enseigne qu'il ne suffit pas
d'avoir ses mains pures du sang d'autrui, mais qu'il faut éviter
la colère, l'injure, les représailles ? Lorsqu'il veut, non pas seulement qu'on s'abstienne du vol, mais encore qu'on pratique la générosité sans limite, la charité vivante et agissante, dont l'amour
et la miséricorde ne se lassent point. Il réclame la pureté jusque
dans les pensées, la sincérité jusque dans le respect scrupuleux
de toute parole. Ne sont-ce pas là des suppléments à la justice
antique ?

Il y a plus, l'Evangile n'est pas simplement le code théorique
et froid du progrès moral qui s'identifie au progrès social. Il renferme l'espérance, la promesse de ce progrès. Il assure que l'on
peut, que l'on doit améliorer la masse des hommes, et qu'on y
réussira. « C'est là précisément la bonne nouvelle évangélique
qui annonce que l'on peut effacer et détruire le péché. Et l'Evangile, qui n'est pas seulement une loi, mais encore une lumière, et,
qui plus est, une force, l'Evangile est intervenu, depuis bien des
siècles déjà, non pas seulement par des discours, mais par une
vertu efficace, pour détruire en effet l'iniquité dans les cœurs et
parmi les nations.

« L'Evangile ne montre pas seulement l'obstacle, mais il montre
et il ouvre la source même des forces. Il donne le détail des moyens
par lesquels nous pouvons enlever l'obstacle et appliquer les forces au progrès de la vie réelle des nations » (2).

---

que la masse soit levée » (MATTH. XIII, 33). — « Le Royaume de Dieu est semblable au grain de sénevé, qui est la plus petite des semences, mais qui grandit
et se développe jusqu'à ce qu'elle soit un grand arbre : *Et fit arbor...*» (MATTH.
XIII, 3). — « Le Royaume des Cieux est semblable à la semence qui produit
d'abord l'herbe verte, puis la fleur de l'épi, puis le fruit solide dans l'épi.
Fructum ascendentem et crescentem ». — (MARC IV, 8) — « Le Royaume
de Dieu est encore la moisson qu'il faut laisser croître et grandir, et mûrir, ayant soin de n'en rien arracher, même sous prétexte d'en arracher
l'ivraie ». (MATTH. XIII, 24). — Le Royaume de Dieu est le don continu
que nous fait notre Père, qui veut que ses fils aient la vie et l'aient toujours
plus abondante : *Ut vitam habeant, et abundantius habeant* ». (JOAN. X, 10)...
« Tout cela, c'est bien le progrès ».

(1) V. *Sources de la Régénération sociale*, pp. 91-92.
(2) *La Morale et la loi de l'Histoire*, II, p. 32.

L'histoire ne prouve-t-elle pas que l'Evangile est vraiment
une lumière vivante et une vertu efficace ? N'est-ce pas lui qui a
produit le premier grand changement parmi les hommes ? Est-ce
que, dès les premiers siècles, une vigueur morale magnifique, une
énergie nouvelle contre le mal ne se manifeste pas sous son influence ? « Des hommes, radicalement nouveaux et absolument *conver-
tis*, vivent en sens contraire du vieux monde... C'est une vigueur de
sobriété, de justice, de continence, de tempérance, de chasteté,
qui était impossible à l'homme, et que l'homme ne soupçonnait
pas » (1).

Comment résister à l'évidence de ces faits ? L'Evangile a pris
le genre humain dans le plus profond abaissement et il l'a soulevé
au-dessus de lui-même ; il l'a élevé à des hauteurs morales qu'on
n'avait jamais atteintes ; c'est là une vérité historique.

Et cette vérité historique devient aussi, dans le cœur de l'homme
qui y consent, une vérité d'expérience. S'il pratique l'Evangile ;
s'il veut la transformation qu'exige la parole divine, la régénération qu'elle donne, il se produit dans son âme une véritable renaissance. L'homme animal, égoïste, avide de posséder, de jouir, fait
place à l'homme spirituel qui se dépouille de lui-même pour appartenir à la justice et en accomplir les œuvres (2).

L'expérience personnelle prouve donc, comme l'histoire, la
valeur de cette puissance qui s'offre à la faiblesse de l'homme.
L'avenir la réclame. Car le progrès moral est la source de tout progrès, et la morale, c'est l'Evangile : « la vie présente ne s'élève
qu'attirée par la vie éternelle » (3). Si l'humanité veut se maintenir
au niveau où elle est parvenue, si elle veut monter plus haut de
siècle en siècle, elle a besoin d'être toujours aidée et soutenue.
« Si Dieu même, si notre Père qui est au ciel, n'est pas, pour notre
vacillante volonté, une source de force inépuisable, comme nous
avons, pour notre industrie, dans la terre, des mines de force et de
mouvement, quel espoir avons-nous de croître dans la justice ? » (4).

Pour cela, pour vaincre l'égoïsme et ses conséquences, il faut

---

(1) *La Morale et la loi de l'Histoire*, i, pp. 247, 248.
(2) *La Morale et la loi de l'Histoire*, ii, pp. 37 à 43.
(3) *Commentaire sur l'Evangile*, i, p. 257.
(4) *La Morale et la loi de l'Histoire*, i, p. 269.

que l'homme ajoute aux forces de son cœur celles que Dieu lui offre, comme il ajoute, dans sa lutte contre la nature, aux forces de ses mains, celles du feu. Or : « l'Evangile est précisément le code révélateur des lois et des sources de la force. Il saura nous montrer, d'abord à ne pas perdre dans le vide toutes nos ressources humaines, puis à exploiter la puissance même de Dieu » (1).

Tels sont les moyens qu'il faut employer pour réaliser dans le monde le progrès social, qui n'est pas autre chose qu'un progrès dans la moralité. C'est « la vie morale transformée qui transforme la vie sociale, et il dépend de la bonne volonté de chaque homme d'essuyer des ruisseaux de larmes ou de les faire couler » (2).

Pour éveiller en chacun cette bonne volonté de la justice, qui renverse les obstacles, puis qui prétend à des efforts, à des progrès nouveaux, il faut parvenir à la science sociale et enseigner aux hommes les lois qu'elle découvre. Il faut les persuader de pratiquer cette justice et d'obéir à ces lois, non par la violence, mais par l'énergie pacifique et dévouée. Car la vivacité de l'enthousiasme pour la cause la plus noble ne doit pas se mélanger de haine ni d'aigreur. Le bien n'est jamais procuré que par le bien.

Dans sa lutte pour le progrès, l'humanité n'est pas laissée à elle-même. En même temps que lui est proposée la vérité qui doit la guider dans ses efforts, une force lui est offerte pour l'aider à s'élever de plus en plus. Et cela n'est-il pas nécessaire ? Le plus ne saurait venir du moins ; or, tout progrès suppose un accroissement. Le progrès moral, qui fonde tous les autres, suppose une augmentation de valeur morale que l'homme ne saurait uniquement puiser dans son propre fonds, quels que soient ses efforts, car l'effort n'est pas créateur. Toute croissance morale et, par conséquent, toute croissance sociale, suppose donc qu'un secours a été fourni, qui a permis à ce qui n'était pas de devenir. Cette aide, c'est Dieu qui la donne à l'humanité ; il est prêt à la soutenir dans sa marche, et à la conduire de développement en développement.

Et, en effet, en donnant pour base au progrès social le progrès moral, on doit renoncer à faire appel, pour le promouvoir, à une force extérieure, à une coaction, à une contrainte telle que la législation et les châtiments qu'elle édicte. Ces moyens demeurent

_____

(1) *La Morale et la loi de l'Histoire*, t, p. 271.
(2) *La Morale et la loi de l'Histoire*, t, p. 196.

des auxiliaires, des organes nécessaires de protection et de défense. Ils ne sauraient, par eux-mêmes, ni détruire les obstacles, ni réaliser le progrès. Quelle législation, d'ailleurs, pourrait être assez puissante et assez souple pour atteindre dans tous leurs détails les multiples délits qui peuvent se glisser dans les rapports d'homme à homme et fausser les rouages du mécanisme social ? Et, dans l'hypothèse où une telle législation pourrait être établie, enserrant dans l'étroit réseau de ses mailles les moindres actes d'une portée sociale, serait-elle vraiment bienfaisante, serait-elle utile au développement de l'humanité ? Ne gouvernerait-elle pas, dans sa tyrannie étouffante, non un peuple d'hommes, mais un peuple d'automates ? La transformation morale ne saurait s'imposer du dehors, par la rigueur, car elle est l'œuvre volontaire de l'homme, ou elle n'est pas. Si donc on veut travailler à son avènement, ce sera par les moyens qu'indique Gratry, par la diffusion de la vérité qui, en éclairant l'intelligence, oriente la volonté ; par la force de la bonté, de la douceur, qui persuade, mais ne contraint pas. Et, si une énergie auxiliaire s'ajoute à ces efforts, ce sera une énergie respectueuse de la liberté humaine, à laquelle elle se propose sans s'imposer, une énergie intime, confondue avec la volonté qui l'accueille et ne fait plus qu'un avec elle.

Le progrès réalisé est ainsi vraiment libre, vraiment humain, par conséquent, même si l'on suppose que la vérité et le secours qui le rendent possible viennent de Dieu. Car il dépend essentiellement du vouloir de l'homme, de sa libre détermination et de son libre effort, qui acceptent ou qui repoussent la vérité et le secours offerts, qui s'en aident ou s'en éloignent.

CHAPITRE IV

Le progrès social

« Ne pas tuer, ne pas voler », tel est le premier progrès que doit accomplir l'humanité. Mais il ne suffit pas, bien qu'il soit important et nécessaire. Et, quoique ce progrès élémentaire ne soit pas encore réalisé, il faut, cependant, en ambitionner d'autres.

Gratry peut saluer comme accompli, en 1868, l'abolition de l'esclavage. La guerre de Sécession donnait un coup mortel à cette coutume criminelle, que l'antiquité tout entière et ses plus hardis génies regardaient comme absolument nécessaire et comme fondée sur la nature des choses.

Mais la guerre n'est pas détruite. Le sang des hommes coule, versé par la main des hommes fratricides ; le vol dépouille du fruit de son travail, de sa richesse, une partie de l'humanité. Si les brigands en armes ont disparu, d'autres pratiquent, à l'abri des lois, des spoliations pacifiques et fructueuses ; et la féodalité financière est plus écrasante que l'ancienne féodalité.

Si la cessation de toutes ces iniquités est le but qui doit être constamment et énergiquement poursuivi, cependant il ne doit pas satisfaire celui qui est épris du bien de l'humanité. On a aboli l'esclavage ; il faut maintenant abolir le paupérisme (1). « Je ne

_____

(1) *Sources de la Régénération sociale*, p. 20.

demande au monde contemporain qu'une seule chose, s'écrie
Gratry : la volonté déterminée d'abolir la misère » (1). Elle est,
cette volonté, la justice plus abondante que le Christianisme
ajoute à la justice antique.

On va traiter d'utopie un semblable projet. Peut-être même,
Gratry le prévoit, dira-t-on que, loin de renfermer l'essence
du Christianisme, il est d'avance condamné dans l'Evangile.
Jésus-Christ n'a-t-il pas dit : « Il y aura toujours des pauvres
parmi vous ». Dès lors, pourquoi s'épuiser à tenter l'impossible ?

Il faut s'entendre. Qu'il doive toujours y avoir des pauvres,
cela n'est pas douteux. D'abord, il y aura toujours les pauvres volontaires de l'amour, qui renonceront aux richesses pour mieux
suivre le Christ et mieux servir les hommes. Il y aura aussi, « de
plus en plus rares, les pauvres volontaires de la dépravation ; il
y aura toujours cette pauvreté bénie, féconde et nécessaire, qui
n'est ni la richesse, ni la misère, qui est la vie modeste et digne
gagnée par le travail » (2). Enfin, il y aura toujours des enfants,
des vieillards, des malades, des infirmes, des aliénés qui n'auront
rien par eux-mêmes » (3). Mais le devoir des autres hommes
est précisément de pourvoir aux besoins de ces pauvres-là, impuissants par eux-mêmes, et d'y pourvoir avant qu'ils le demandent ;
il est de faire en sorte qu'il n'y ait plus dans l'humanité un seul
mendiant ni un seul indigent, c'est-à-dire un seul homme obligé
de tendre la main, un seul qui manque du pain nécessaire à la vie.

Voilà la misère qu'il s'agit d'abolir. « O Israël ! disait déjà aux
Juifs le texte sacré (4), O Israël ! tu ne souffriras pas qu'il y ait
dans ton sein un seul mendiant, ni un seul indigent. Et les chrétiens oublieraient ou restreindraient ce devoir, alors que, au contraire, ils doivent l'accomplir avec une plénitude nouvelle, et même
« appliquer cette parole, non pas seulement aux besoins corporels,
mais encore aux besoins de l'esprit et de l'âme de leurs frères,
besoins d'esprit et d'âme, qui sont encore plus grands que ceux
du corps » (5).

---

(1) *Les Sources*, 2ᵉ partie, p. 309.
(2) *La Morale et la loi de l'Histoire*, II, p. 57.
(3) *Sources de la Régénération sociale*, p. 21.
(4) *Deut.* XV, 4. — *La Morale et la loi de l'Histoire*, II p. 59.
(5) *Sources de la Régénération sociale*, p. 22.

Si donc notre amour doit embrasser le monde entier, c'est ceux qui souffrent qu'il faut surtout aimer et servir comme nous-mêmes. A ceux-là, il faut donner l'aumône, c'est-à-dire non pas, suivant la signification vulgaire, l'aide qui humilie, la pièce de monnaie jetée en passant, mais, suivant le sens évangélique, si vaste et si beau, « la pitié du cœur », l'amour, la miséricorde. Faire l'aumône, c'est « avoir dans l'âme la pitié amoureuse, celle que Dieu opère et bénit, c'est savoir regarder le monde entier avec ce divin regard maternel que Jésus jetait sur les peuples et dont l'Evangile dit : « Et il les vit couchés, abattus et foulés aux pieds. *Vexati et jacentes* » (1). L'aumône, c'est ce don de soi-même qu'Isaïe définit par ces paroles de feu : « Lorsque tu as versé ton âme dans une âme affamée et que tu as rendu la plénitude à l'âme qui souffre, c'est alors que ta justice se lève et éclate comme une aurore » (2).

La justice pleine et abondante, c'est donc l'amour qui se livre sans compter, c'est la compassion qui s'émeut des douleurs des hommes et qui consacre ses forces à les soulager, à les guérir ; c'est le cœur qui écoute retentir en lui l'écho sacré de ces paroles du Christ, qui, un jour, jugeront le monde : « J'ai eu faim et vous m'avez nourri ; j'ai eu faim et vous ne m'avez pas nourri ».

Il y a, parmi les peuples les plus prospères du monde, des hommes qui ont faim et qui meurent (3). Telle est la terrible réalité. Gratry la précise par la statistique de 1854 et 1855, document officiel qui constate que 151.000 décès sur 361.000 ont eu lieu « par suite de la cherté » (4). N'est-il pas urgent de remédier à cet affreux état de choses ? Et, en effet, toutes les âmes généreuses tressaillent à la vue de ces souffrances, et crient leur indignation. Même lorsque les erreurs ou les rêves s'y mêlent, ces cris sont, au fond, cris du cœur et plaintes de la justice. D'ailleurs, bien des efforts ont déjà été faits pour diminuer la misère. « La France, depuis un demi-siècle, se couvre, comme la terre au printemps, d'une multitude de germes bienfaisants que l'on nomme des œuvres. Toute

---

(1) *La Morale et la loi de l'Histoire*, II, p. 55. — MATTH. IX, 36.

(2) *La Morale et la loi de l'Histoire*, II, p. 54. --- ISAIE, LVIII, 10.

(3) « Il est douloureux de penser, mais il est vrai de dire que, même chez les nations les plus prospères, une partie de la population périt tous les ans de besoin ». J.-B. SAY. --- Cité p. GRATRY, *la Morale et la loi de l'Histoire*, II, p. 61.

(4) *La Morale et la loi de l'Histoire*, II, pp. 61-62, la note.

misère matérielle ou morale a son œuvre » (1). Il semble que l'humanité s'ébranle comme pour une nouvelle croisade, « où le tombeau du Christ, qu'il faut délivrer, c'est le globe, couvert des membres opprimés du Dieu fait homme » (2).

Mais comment s'accomplira cette œuvre de l'abolition de la misère ?

L'humanité peut se diviser en deux classes : les riches qui possèdent, les pauvres qui n'ont rien par eux-mêmes. Les uns et les autres doivent contribuer à la diminution, à la disparition du paupérisme. Mais, parce que la part qui revient aux pauvres, dans ce progrès, est secondaire, dépendante en grande partie de l'effort des riches, c'est à ceux-ci qu'il convient de s'adresser d'abord. Ils représentent la puissance active, la force économique qui peut, à son gré, se réserver dans un égoïsme jaloux, ou se répandre pour le bien de tous. Aussi Gratry voit-il dans le bon emploi des richesses le grand remède à la misère.

Que faut-il entendre par ce bon emploi, par l'usage utile de l'argent ?

Ce bon usage suppose chez le riche ce que Gratry appelle « l'esprit de pauvreté », c'est-à-dire une exacte appréciation du rôle du riche et de la valeur des richesses, qui suppose un certain détachement de ces richesses, en tant que sources de jouissances personnelles.

Trop souvent, le riche agit comme si sa fortune le dispensait de la loi du travail. Or, tout homme, sans exception, « a été placé sur cette terre pour la garder, la défendre et la cultiver » (3). Dans un sens, tous sont obligés à la pauvreté, si l'on entend par pauvreté la vie quotidienne conquise et comme méritée par le travail ; le travail, « c'est-à-dire l'effort qui développe, le courage qui lutte, qui affronte le danger et qui dompte l'obstacle » (4). Nul ne doit s'abstenir de ce labeur et de ce combat, et croire qu'il peut vivre inutile. Faire cela, c'est s'enfouir dans la honte, dans la trahison ; c'est déserter son poste dans cette milice universelle qu'est la vie. Et quelle faute qu'une telle lâcheté ! Car le poste du riche, c'est

---

(1) *La Morale et la loi de l'Histoire*, II, p. 67.
(2) *La Morale et la loi de l'Histoire*, II, p. 69.
(3) *Les Sources*, 2ᵉ partie, p. 249.
(4) *Les Sources*, 2ᵉ partie, p. 249.

celui de chef : « Savez-vous donc ce que vous faites, vous qui tenez
en main l'argent, c'est-à-dire l'arme ou l'instrument ; vous qui
avez par cela même, entre les mains, la force de cent ou de mille
hommes ; qui, à vous seul, êtes une légion par l'or dont vous êtes
armé ? Voici ce que vous faites : pendant le combat même, vous
désertez, et alors vos frères sont vaincus. Les chefs désertent,
ceux qui sont bien armés s'en vont : alors la pauvreté, qui était
un ressort et une force, la pauvreté se transforme en misère, en
faiblesse, en dénûment, en esclavage, et l'homme vaincu meurt
par la faim » (1).

En réalité, celui qui possède ne possède pas pour lui seul. Il est
dépositaire de biens dont il doit être dispensateur, selon le mot
de l'Évangile. La propriété, la richesse, n'est pas un trésor dont
on peut user et abuser, comme le disait la loi romaine, sans qu'on
ait aucun compte à rendre à personne. Ainsi que s'exprime Bourdaloue, elle est une charge, une fonction, une administration.
Aussi, il ne s'agit pas de l'abolir, comme le rêvent les socialistes,
pour établir, suivant l'une ou l'autre de leurs théories, une chimérique égalité de biens. Au nom de l'intérêt de tous, Gratry fait
la critique du communisme, celui d'Etat et celui du peuple. Il
montre qu'il est, dans le premier cas, une tyrannie et un esclavage, car alors « il ne s'en suit pas, comme on pourrait le croire,
que chacun possède tout, mais, au contraire, que chacun ne possède
rien, et que, pour obtenir quelque chose, il faut toujours se pros-
terner, trois fois ou plus, devant le chef ou les chefs de l'Etat » (2).
— Dans le second cas, le communisme est une cause de misère
et de dégradation ; l'absence de propriété engendre la paresse la
plus incurable. C'est que : « Il n'arrivera jamais qu'un homme
ou un peuple travaille, s'il ne doit récolter. Un peuple n'est pas une
ruche, l'homme n'est pas une abeille. Les abeilles travaillent,
quoiqu'un autre récolte. C'est qu'elles travaillent nécessairement,
et par un instinct invincible, sans prévoyance ni liberté. Mais
l'homme est libre et prévoyant ; il travaille quand il doit récolter,
sinon, non » (3).

Cette erreur du communisme renferme pourtant une vérité :

(1) *Les Sources*, 2ᵉ partie, p. 251.
(2) *Sources de la Régénération sociale*, p. 39.
(3) *Sources de la Régénération sociale*, p. 52.

« c'est que nous sommes tous frères, et qu'étant tous frères, nous devons parvenir à un usage plus fraternel de la richesse et de la propriété » (1). Et cet usage fraternel de la propriété consiste précisément à pratiquer cette énergique définition de la richesse donnée par les moralistes chrétiens : « Les riches sont les administrateurs du bien des pauvres ». Les richesses doivent servir, de par la libre et sage volonté de ceux qui les détiennent, à soulager les besoins de leurs frères pauvres, à abolir la misère.

Ici se présentent des difficultés. Comment les riches s'y prendront-ils ? Sera-ce au moyen de dons qu'ils s'efforceront de remplir leur devoir ? Mais la science et l'expérience apprennent qu'en versant brusquement de l'or au sein de la misère, on double la misère. « Il est démontré qu'un don perpétuel, uniforme, légal et toujours assuré à la misère, ne détruirait pas la misère, mais l'augmenterait » (2).

Le devoir du riche à l'égard du pauvre ne se résume pas dans le don. Sans doute, il est des cas où celui-ci est de loi naturelle. « En présence de toute catastrophe, de toute ruine imprévue, de tout dénûment absolu, le devoir de tout cœur et de toute main humaine est de s'ouvrir » (3).

En dehors des cas où le don apparaît le seul remède, ou le meilleur, le prêt généreux et désintéressé est un moyen efficace de venir au secours du pauvre. Il « relève, excite au travail » (4) ; il est souvent le salut de ceux que le don eût corrompus. Dans certains cas, la morale chrétienne considère que le prêt est un précepte formel, car il constitue un secours nécessaire, en même temps que le meilleur qui peut être offert (5).

Mais le prêt et le don seraient insuffisants pour relever l'état des pauvres et procurer l'aisance au grand nombre. Le principal moyen d'être utile par l'argent, c'est de donner à sa fortune un emploi légitime et fécond, suivant la justice et la raison ; c'est d'en user « avec intelligence et clairvoyance, de manière à

---

(1) *Sources de la Régénération sociale*, p. 57.
(2) *La Morale et la loi de l'Histoire*, II, p. 81.
(3) *La Morale et la loi de l'Histoire*, II, p. 81.
(4) *La Morale et la loi de l'Histoire*, II, p. 83.
(5) *La Morale et la loi de l'Histoire*, II, p. 83. — V. VERNIER, *Theologia practica* : de 7° praecepto Decalogi.

marcher vers le but, savoir : l'égalité croissante de tous vers le
bien-être, la lumière, la dignité, la liberté » (1). Pour cela, « l'homme qui possède doit regarder ce qu'il possède comme un fonds,
une force, un instrument qu'il est chargé, dans le commun travail
du genre humain, d'appliquer, d'exploiter, non pour nourrir ses
vices, mais pour le bien et le progrès de ceux qui nous entourent,
pour la patrie et pour le monde entier » (2).

Comment accomplir cette tâche ? Sera-ce en dépensant beaucoup ? Est-il vrai que les dépenses du riche sont la vie du pauvre
et que le luxe fait vivre l'ouvrier ? La science écconomique
prouve que rien n'est plus faux. Elle s'accorde avec la morale
pour montrer, dans les hommes de joie, qui nourrissent dans le
luxe la multiplicité de leurs désirs, les auteurs des larmes, les
fauteurs de la mort. C'est à Courcelle-Seneuil (3) que Gratry
emprunte la démonstration de cet aphorisme : « Tout excès de
consommation réduit le chiffre de la population, c'est-à-dire tout
abus tue quelqu'un » (4). Et, en effet, lorsque le capital, au lieu
de produire en servant à un travail qui donnera, d'une part une
augmentation de richesses sous forme de bénéfices, d'autre part
une augmentation d'objets de première nécessité, d'aliments par
exemple, lorsque ce capital est employé à l'achat d'un objet de
luxe, il s'immobilise et devient stérile. Les économistes distinguent
avec raison un emploi improductif et un emploi productif du
capital et du travail. Dans le premier cas, qui concerne les
objets de luxe, le producteur n'obtient qu'un résultat immédiat,
le salaire qu'il en reçoit ; mais il ne retire ultérieurement aucun
avantage de cette production, car c'est une valeur qui demeure
inerte, ou qui est anéantie au bout d'un temps, sans autre profit
que la satisfaction d'un goût passager ou d'un besoin artificiel.

Il en est autrement lorsque le capital et le travail sont em-
ployés à une entreprise qui donnera naissance à des produits utiles.
Il y a là comme une multiplication indéfinie du capital et du
travail, un avantage renouvelé pour l'un et pour l'autre. En effet,
en même temps que le capital fructifie, par là même qu'il s'emploie

(1) *La Morale et la loi de l'Histoire*, II, p. 80.
(2) *La Morale et la loi de l'Histoire*, II, p. 84.
(3) *Traité d'économie politique*, livr. I, ch. V, paragraphes 2 et 3.
(4) *La Morale et la loi de l'Histoire*, II, p. 86.

à la création d'objets utiles, ceux-ci deviennent plus abondants, partant moins coûteux, pour le plus grand bien-être des travailleurs (1). Et, en effet, est-ce que, par exemple, les grands propriétaires fonciers n'ont pas sur la multiplication des hommes et sur leur bien-être matériel une influence considérable, selon l'emploi qu'ils font de leurs terres, la destination qu'ils leur donnent, la culture plus ou moins intensive à laquelle ils les soumettent ?

L'emploi du capital est donc d'une grande importance, non seulement pour le riche qui le dépense, mais pour le pauvre qui profite ou non de ces dépenses. « Tout travail consacré aux exigences de l'inégalité est enlevé à la production des objets nécessaires. Ainsi, non seulement les dépenses improductives de luxe ne font pas vivre une partie de la population, *mais elles empêchent de vivre un nombre d'individus à peu près égal à celui qu'elles emploient* » (2).

Ainsi, les dépenses de luxe sont loin d'avoir le rôle bienfaisant qu'on leur attribue, surtout pour s'en excuser. Un tel emploi de l'argent est, en définitive, nuisible au bien social. Ne constitue-t-il pas en même temps une profanation, et Gratry n'a-t-il pas raison de dire que, de ce point de vue, quand on parle du mépris des richesses, on pourrait aussi bien enseigner, d'une manière équivalente, le respect de l'argent ? « Qu'est-ce donc que l'argent et d'où vient-il ? L'argent, c'est du travail accumulé, c'est du temps, c'est de la vie humaine, c'est du sang, des sueurs et des larmes » (3). N'est-ce pas coupable d'employer cette valeur sacrée à la satisfaction d'égoïstes désirs, de s'en servir uniquement pour vivre plus somptueusement, plus voluptueusement ?

Que va donc faire le riche du trésor remis entre ses mains ?

En réalité, le riche est un chef de travail. Il doit *faire travailler.* C'est là, en deux mots, sa charge et son rôle. « Comprenez-vous ce qu'est en elle-même la richesse et ce qu'est la propriété ? demande encore une fois Gratry. Comprenez-vous que la propriété est le salaire de cent ou de mille ouvriers, donné d'avance à un chef de travail. Et ce chef de travail doit compte à Dieu de l'emploi des salaires, comme il doit compte, en outre, ainsi que tous les au-

---

(1) Voir par ex. : JAVARY, *Idée de Progrès*, p. 169, etc.

(2) *La Morale et la loi de l'Histoire*, II, pp. 93-94.

(3) *Les Sources*, pp. 251-252.

tres, de l'emploi de sa vie » (1). Que ces salaires-là doivent être
équitables, c'est ce qu'enseigne la plus élémentaire justice, celle
dont Gratry ne cesse de réclamer l'application. Il ne s'occupe
pas cependant de préciser cette question importante des salaires.
C'est qu'il ne suffit pas seulement de rémunérer d'une manière
juste le travail de l'ouvrier. Il faut lui en procurer, et c'est là une
question plus délicate encore, car il est plus difficile de persuader
au riche que la disposition de son capital n'est pas laissée à sa libre
fantaisie, que de lui rappeler qu'il lui faut payer équitablement
ce qu'il doit. Mais c'est là une justice insuffisante.

Le riche doit encore employer sa fortune de telle sorte qu'elle
serve à rendre plus abondants, et par conséquent plus accessibles,
les biens nécessaires à tous. Il doit, pour cela, créer lui-même, ou
aider à créer, des entreprises qui multiplieront les objets utiles,
en feront baisser les prix, et procureront ainsi aux travailleurs
des ressources et du bien-être.

C'est de la sorte, par ce sage usage des richesses, qui suppose
le labeur de part et d'autre, de la part du riche, chef de travail,
et de la part de l'ouvrier, c'est ainsi que l'inégalité des biens dis-
paraîtra. Non pas absolument ; Gratry n'entend pas cela ; mais
dans ce qu'elle a d'excessif, de préjudiciable. Car, « il ne s'agit
en aucune sorte de ce nivellement social qui serait la stérilité.
Il faut en tout ordre de fertilité de hautes montagnes et de grands
fleuves. Il y a des riches, il y a des dépositaires des trésors, grands
capitaux, grandes forces accumulées, puissantes par la concentration, c'est-à-dire par leur unité, leur densité, leur liberté d'action.
Mais ces forces ne doivent être ni enfouies, ni dispersées, elles doivent être employées. A quoi ? Evidemment à propager la vie, la
vie toujours plus étendue, toujours plus abondante. Comment ?
Quelquefois accidentellement par le don, plus souvent par le prêt
et, si l'on peut, par le crédit organisé ; toujours par le travail
et la sagesse dans la direction du travail. Le détenteur des forces
est un chef d'atelier, un directeur du travail humain » (2).

Ainsi, la fortune a un rôle social nécessaire et, en rappelant
ses devoirs à celui qui la possède, Gratry marque en même temps
son importance de force accumulée, de puissance motrice, qui

---

(1) *Les Sources*, p. 251.
(2) *La Morale et la loi de l'Histoire*, II, pp. 96-97.

permet au travail de l'homme de devenir de plus en plus productif et de plus en plus rémunérateur. Riche et pauvre, capital et travail, ne sont pas des antagonistes ; ils sont des alliés naturels ; plus le capital est abondant, plus le travail l'est aussi ; plus alors la misère diminue, et les besoins de tous sont satisfaits dans une plus large mesure. A condition, encore une fois, comme le répète Gratry, que le capital soit employé de la manière la plus utile à tous.

Peut-être objectera-t-on que Gratry s'élève d'une manière trop absolue contre le luxe ; qu'il est un luxe raisonnable, légitime, qui contribue au progrès des peuples, parce qu'il favorise le développement artistique, les efforts vers des améliorations nouvelles en tout genre.

Ne suffit-il pas de répondre, pour justifier Gratry, que le luxe est chose essentiellement relative ? « A partir du niveau toujours changeant de la moyenne de la richesse générale, l'échelle mobile du luxe varie sans cesse ; c'est là ce dont il faudrait tenir compte pour discerner l'usage légitime de l'abus et de l'excès » (1). Le luxe représente un superflu. Or, peut-on dire qu'il y a ce superflu, dans la richesse générale d'une nation, tant qu'elle enferme des indigents qui manquent du nécessaire ? N'est-ce pas un devoir urgent de s'occuper d'améliorer leur état, de songer d'abord à eux dans l'emploi des richesses ? C'est ce que fait Gratry. Il montre l'œuvre la plus pressante.

Mais la bonne volonté des riches, l'usage sage et juste de la propriété, est-ce là le moyen suffisant du progrès social, de l'amélioration du sort des classes laborieuses ? Ce moyen servirait peu, si la cause de misère et d'indigence, que constituent les fautes du pauvre, subsistait. N'arrive-t-il pas que celui-ci laisse ses propres vices lui ravir les fruits de son travail, à moins qu'il ne se refuse même au travail ? Aussi Gratry va-t-il jusqu'à dire : « Essayez de chasser la misère, en la remplaçant par l'aisance, ou seulement par la pauvreté supportable, — j'appelle ainsi celle qui ne tue pas ; certes, ce n'est pas demander trop, — eh bien ! dès le premier effort, vous voyez de vos yeux qu'il est de toute impossibilité de modifier en rien la condition des classes souffrantes si vous ne les moralisez. Vous voyez de vos yeux où est l'obs-

---

(1) *Morale et progrès.* F. BOUILLIER, p. 76.

tacle, le grand obstacle fondamental et presque unique : c'est l'état moral des classes pauvres, c'est l'ignorance, la paresse et le vice » (1).

Il faut donc revenir ici encore à cette grande vérité : pas de progrès social sans progrès moral. L'état économique des classes pauvres est lié à leur moralité et dépend d'elle non moins que de la moralité des riches.

Cet état économique et cette moralité peuvent être heureusement modifiés, d'ailleurs, au moyen d'organisations formées par les travailleurs eux-mêmes, entre eux. Gratry fonde un grand espoir sur la formation d'associations ouvrières.

Le moyen âge avait compris la puissance féconde de l'association ; mais celle-ci devint la corporation avec ses entraves paralysantes. La Révolution la détruisit, sans renouveler, malheureusement, l'association.

Cependant, aujourd'hui, en même temps que la science montre l'anéantissement des forces produit par la division, l'oppression, la contention et toutes les formes de la guerre et de la destruction, elle voit dans l'association la source par excellence des énergies sociales. Qu'est-ce que l'association, sinon la pratique volontaire de cette solidarité nécessaire que Gratry a montrée à la base de la société ? Elle est « ce que la nature impose aux hommes sous peine de ne pas vivre, dès qu'il y a deux hommes sur la terre » (2), c'est-à-dire l'alliance de leurs efforts, la pratique de l'union et celle de la division du travail. Mais, qu'est-elle encore, sinon « la grande loi fondamentale, loi de justice, axiome moral, loi de l'histoire : « Travaillez les uns pour les autres », ou : « Tout ce que vous voulez que les hommes fassent pour vous, faites-le pour eux ».

C'est donc la valeur de cette loi que la science atteste lorsqu'elle affirme celle de l'association ; c'est elle que les hommes observent lorsqu'ils s'unissent, poussés par ce besoin de développement social, si puissant à l'heure actuelle. Ils appliquent librement, d'une manière intelligente et savante, la méthode que la nature impose d'abord aux hommes sous peine de mort ; ils développent et perfectionnent l'arrangement nécessaire sans lequel la société

---

(1) *Les Sources*, 2ᵉ partie, p. 311.
(2) *Morale et loi de l'Histoire*, II, p. 283.

et, par conséquent l'humanité, n'existerait pas; ils l'adaptent
au travail de chaque homme et à chaque forme de travail.

Avec quel bonheur Gratry signale les admirables commencements de cette réalisation plus complète de la loi d'union. Non
seulement l'association industrielle permet de grands travaux
qui décuplent la richesse des nations, mais encore des formes diverses d'associations se multiplient, qui, chacune, groupent les
ressources et les efforts à la poursuite d'un même but et se proposent de rendre plus féconds ces efforts, plus abondantes ces
ressources.

Gratry cite (1) les sociétés de tous genres établies aux Etats-
Unis, dans la nouvelle Angleterre, et particulièrement dans le Rho-
de-Island et le Massachussett. Il voit les associations de travailleurs s'étendre nombreuses dans l'Ancien Monde comme dans le
Nouveau. Sociétés de consommation à prix réduits, sociétés de
construction, coopératives, manufactures, écoles, bibliothèques
fondées par associations; sociétés de crédit mutuel, syndicats
professionnels, toutes ces organisations prospèrent, revêtant des
formes quelque peu différentes suivant les contrées où elles se dé
veloppent. Gratry estime avec raison ces associations comme une
source de progrès économique et moral. En effet, en même temps
qu'elles assurent, dans leurs groupements puissants, un appui
à chacune de ces unités qui, seules, seraient si faibles, elles excitent
les efforts individuels, qui sont mis en présence d'un but acces-
sible au travail et à la persévérance; elles les poussent à l'activité,
à l'ordre, à l'économie. L'ouvrier est ainsi conduit à des habitudes
sérieuses, à l'amour du foyer domestique. Un sentiment plus vif
de sa dignité, de son rôle social, l'aide à lutter plus énergiquement
contre le vice qui peut en un instant dévorer tous ses biens. Elles
ont cette influence, les sociétés de construction des habitations
à bon marché, qui permettent au travailleur de devenir proprié-
taire, moyennant un modique effort, d'un logis agréable et sain;
et aussi ces ingénieuses organisations de caisses d'épargne quotidienne, « association merveilleuse où l'épargne se fait au marché,
où celui qui achète au comptant s'enrichit au plus bas prix » (2).

---

(1) D'après M. CAREY, V. STUART MILL, *Principes d'économie politique*, II,
p. 511. — *La Morale et la loi de l'histoire*, II, p. 288.
(2) *La Morale et la loi de l'Histoire*, II, p. 298.

Ils prévoyaient cela, ces hardis « Pionniers de Rochdale », dont l'histoire est connue de tous, qui écrivaient en tête de leurs statuts : « Notre société est fondée pour procurer l'avancement intellectuel et moral des ouvriers ». Mais comment ? « En facilitant l'acquisition au comptant, et à prix réduits, des épices, du charbon et de la farine » (1).

L'association accroît donc la prospérité matérielle des classes laborieuses, elle tend à abolir la misère ; et cela non seulement parce qu'elle multiplie les ressources de l'ensemble et répartit équitablement les richesses acquises par tous, mais encore parce qu'elle réclame la sage activité de ses membres, leur courageuse fidélité aux engagements pris, activité et fidélité qui constituent de véritables progrès moraux.

Mais il ne suffit pas à Gratry de voir le travailleur rentrer après sa tâche quotidienne dans une demeure commode que ses labeurs ont faite sienne ; il souhaite que la longueur des journées soit diminuée, afin de laisser à l'ouvrier quelque loisir pour s'instruire. Au lieu de seize heures, — temps ordinaire alors, — il en demande onze ; Mais cela est encore trop : huit heures lui semble en définitive la quantité convenable, de sorte que le jour entier puisse se diviser en trois parties : huit heures pour le labeur, huit heures pour le sommeil, huit heures pour le travail intellectuel et moral, comme on le répète en Amérique. C'est le programme que Gratry souhaite de voir appliquer. Le travail n'y perdrait rien, au contraire ; il gagnerait en intensité, donc en rendement, affirme-t-il après E. Véron (2).

Gratry désire plus encore. En effet, il voudrait que, grâce au transport de la force motrice, l'on pût organiser à peu près partout, pour la plupart des industries, le travail à domicile. Alors disparaîtraient les grandes agglomérations ouvrières, avec leurs dangers physiques et moraux (3). Alors : « Voici le foyer sacré de la famille

---

(1) *La Morale et la loi de l'Histoire*, II, p. 299.

(2) Eug. VÉRON, *les Associations ouvrières*. p. 70 ; *les Institutions ouvrières de Mulhouse*, pp. 287-288. — *La Morale et la loi de l'Histoire*, II, pp. 305-306.

(3) D'autres prévoient aussi, bien des années après Gratry, les heureuses transformations sociales qui peuvent résulter de l'application de ces découvertes scientifiques. C'est, par exemple, M. G. GOYAU : *Autour du Catholicisme social*, p. 242, 1re série. — « Supposons, dit-il, — et l'hypothèse n'est certes point absurde — que viennent à se multiplier les commodités

devenu le lieu du travail. Et voici le travail reconstituant la famille au lieu de la dissoudre » (1).

La destruction du paupérisme, on le voit, dépend donc à la fois du riche et du pauvre ; elle est l'œuvre de leurs efforts communs ; elle procède du travail et de la moralité de l'un et de l'autre. Aussi, dans cette transformation économique, Gratry voit disparaître « le riche sans travail, ce vagabond sans moyens personnels d'existence, puisqu'il ne sait ni ne veut travailler, cet insensé qui entre dans la vie par l'orgie, où il dévore la fleur de sa virilité et les prémices de son patrimoine, avec son honneur et son cœur » (2). — Il voit aussi disparaître le pauvre, malheureux, ou oisif et vicieux, qui fuit le travail et se tue dans l'ivresse. Il aperçoit « de grandes nations soulevées tout entières et décidées à supprimer, au milieu des cités comme au sein des campagnes, et les haillons et les tanières, qui tuent les hommes dans la fièvre, la misère et la faim. Je les vois soulevées avant tout contre les haillons et les tanières du vice et de l'ignorance, causes premières de ces maux » (3).

Tandis que le riche s'incline fraternellement vers le pauvre pour le relever et le secourir, celui-ci, par son labeur, par l'ordre et l'honnêteté de sa vie, s'élève peu à peu vers l'aisance, vers la liberté.

Si un bien-être économique général ne peut se produire sans une élévation générale du niveau moral, ce bien-être est aussi en retour, si les hommes savent en user, une condition favorable au développement d'une plus grande moralité. En effet, il rend plus léger l'écrasant fardeau qui courbe sans cesse vers le sol le visage de l'homme fait pour regarder le ciel ; il permet des loisirs où l'ouvrier peut s'instruire, élever son intelligence, cultiver son âme. Ainsi, la masse des hommes, privée par la misère de toute joie saine, surgit des ténèbres dans la clarté. Elle arrive à vivre d'une vie vraiment humaine, dans le déploiement de toutes ses facultés, dans le bonheur nouveau

---

pour le transport de la force par l'électricité : n'en pourrait-il point résulter, lentement, une nouvelle période de prospérité pour le travail à domicile, et je ne sais quel choc en retour ramenant la population des villes vers les campagnes, où la besogne industrielle commencerait à devenir possible ? »

(1) *La Morale et la loi de l'Histoire*, II, p. 303.
(2) *La Morale et la loi de l'Histoire*, II, pp. 309-310.
(3) *La Morale et la loi de l'Histoire*, II, p. 308.

d'aspirations purifiantes et nobles, de plaisirs bienfaisants. Le plus pauvre des travailleurs peut jouir, sous l'humble toit qui est à lui, de la verdure et des fleurs, des rayons du soleil qui ne pénétraient pas la noire demeure et la rue sordide d'où l'a arraché le triomphant effort social.

Et cet homme, obscur et inconnu, par sa valeur morale, par le développement de son intelligence, devient digne d'un nouvel honneur, d'un rôle actif dans la vie politique de sa nation.

Le progrès social, tel que le conçoit Gratry, va donc à la formation d'une démocratie aisée, éclairée, libre. De sorte que, en considérant l'ensemble tout entier de la nation, il soit vrai de dire : « Je ne vois plus rien là que l'on puisse appeler *basse classe*, ni cette masse grossière, ignorante, sans avenir et sans espoir, qu'on nommait autrefois *populace*. Je ne vois là que des hommes cultivés, graves et dignes, capables de prendre part, comme électeurs ou comme élus, à la vie et au gouvernement de la commune et de l'Etat » (1).

Le progrès politique résulte donc du progrès social. Celui-ci permet l'avènement de la forme de gouvernement la meilleure, et d'ailleurs la plus propre à favoriser à son tour le développement du progrès social ; car, dans ces complexes mouvements de l'humanité, tout s'enchaîne, tout se pénètre et s'entr'aide.

Gratry a dit énergiquement (2) ce qu'il pense des idées de Vico, qui estime que la monarchie absolue « est le mode le plus conforme à la nature humaine parvenue au plus haut développement de la raison » (3). La monarchie n'apparaît pas à Gratry comme le gouvernement idéal, non plus d'ailleurs que l'aristocratie ou la pure démocratie. Avec Polybe, Cicéron, Platon, il signale l'instabilité de ces formes simples qui sont promptes à dégénérer et à se corrompre. Car, « chaque forme renferme constamment en elle un germe naturel de destruction : la royauté, la tyrannie ; l'aristocratie, l'oligarchie ; la démocratie, l'ochlocratie et ses sauvages fureurs » (4).

---

(1) *La Morale et la loi de l'Histoire*, II, p. 308.
(2) *La Morale et la loi de l'Histoire*, I, Préface de la 2ᵉ édition.
(3) *Principes de la Science nouvelle*, cité *La Morale et la loi de l'Histoire*, I, p. XI.
(4) Cité p. GRATRY, *La Morale et la loi de l'Histoire*, II, 2ᵉ note, p. 223.

L'organisation politique que Gratry préfère, c'est la forme mixte, composée des trois autres, où toutes les forces s'équilibrent mutuellement, de façon qu'aucune n'acquiert une influence prépondérante et ne développe les vices qui lui sont naturels.

Cette forme, dont Polybe et Cicéron ont dit les avantages, ils l'avaient rencontrée dans la République romaine, chef-d'œuvre politique, où trois pouvoirs, celui du peuple, celui du sénat et celui des consuls, se trouvent tellement mêlés et balancés, que les Romains eux-mêmes ne savent pas dire où réside véritablement la souveraineté. Celle-ci, en effet, ne se trouve pas dans l'un ou l'autre des trois pouvoirs ; elle est dans leur ensemble.

Au XIIIe siècle, saint Thomas d'Aquin décrit en ses traits essentiels, comme la meilleure organisation politique, celle qui participe à la fois de la monarchie, parce qu'un seul préside, de l'aristocratie, puisque plusieurs choisis pour leurs mérites gouvernent sous le prince, de la démocratie, c'est-à-dire du pouvoir de toute la nation, puisque les princes et chefs sont élus dans le peuple entier et qu'au peuple entier appartient le droit de les élire (1).

Qu'on n'aille pas croire que cette constitution politique, meilleure et plus stable, soit à l'abri de tout danger. Les plus grands progrès peuvent toujours être détruits par la volonté perverse de l'homme. Et Cicéron, dans le livre même où il loue la République romaine, en déplore la ruine : « Ce sont nos vices qui nous ont perdus ! s'écrie-t-il (2), *Nostris enim vitiis, non casu aliquo, rempublicam verbo retinemus, reipsa vero jampridem amisimus* ».

C'est ainsi que l'histoire enseigne sans cesse la nécessité de la justice, principe d'ordre, de force, de bonheur pour les nations comme pour les individus. « Sans la présence réelle, concrète, de la justice même et dans les lois et dans les âmes, rien ne peut subsister (3) ». Les peuples et les hommes perdent leur liberté ; on les voit, selon le mot de Tacite : « *ruere in servitium*, se ruer dans la servitude » (4).

---

(1) *Sum. theolog.* 1ª 2ªª *quaest.* CV, art. 1. — GRATRY, *la Morale et la loi de l'Histoire*, pp. 213-214-215.

(2) *De Republica*, liv. V, n° 1. — GRATRY, *la Morale et la loi de l'Histoire*, II, p. 230.

(3) *La Morale et la loi de l'Histoire*, II, p. 231.

(4) *La Morale et la loi de l'Histoire*, II, p. 238.

Mais, peut-être, est-ce là la fin nécessaire de toute vie politique ?
La servitude volontaire ne serait-elle pas « l'état d'équilibre inévitable et stable auquel la pesanteur terrestre, agissant sur la masse
des égoïsmes et des vices, finit toujours par tout rabattre ? » (1).
Y a-t-il, dans les nations, un venin qui fermente et qui les pousse
fatalement à la décadence ? Y a-t-il au contraire une force qui les
porte au progrès, une force médicinale — *vix medicatrix* — qui ne
cesse d'absorber le mal ? Gratry ne croit ni à l'un ni à l'autre.
« Il n'y a, s'écrie-t-il, dans le sein des nations, ni ce venin mortel,
ni ce baume triomphant. Il y a, dans les peuples comme dans les
hommes, la liberté » (2). Celle-ci peut se renoncer elle-même ou
triompher en s'attachant à la justice et à la vérité.

Justice, science, tels sont donc, on le constate une fois encore,
les moyens nécessaires de tout progrès. Or, les peuples modernes
possèdent la vraie science politique et sociale, et cette forme mixte
de gouvernement que l'antiquité connaissait, que saint Thomas
approuve, que Montesquieu préfère, est appliquée dans la plupart des Etats.

C'est en Angleterre surtout que Gratry admire, pleinement
développée, cette organisation politique. Grâce à elle, l'Europe,
depuis 1824, « voit ce qui ne s'était vu en aucun temps, en aucun
lieu, savoir : un peuple qui se réforme ; une multitude qui se cor-
rige, une nation qui s'avance pas à pas, peu à peu, par la raison
et la liberté, vers la justice et vers la paix » (3).

Ce gouvernement où tous ont part, la France l'avait entrevu,
désiré, comme le montrent les cahiers de 1789, qui en posent les
principes (4). Mais, en 1868, sous l'empire devenu cependant libéral, Gratry trouve que son pays est plus près du « césarisme »
que de la liberté. Et c'est un régime de liberté qu'il désire, un régime souple, harmonieux, vivant, prêt à s'adapter sans cesse aux
besoins de la nation (5). Or, lorsqu'un « seul homme se substitue

(1) *La Morale et la loi de l'Histoire*, II, p. 238.
(2) *La Morale et la loi de l'Histoire*, II, p. 72.
(3) *La Morale et la loi de l'Histoire*, II, p. 260.
(4) *La Morale et la loi de l'Histoire*, II, p. 241.
(5) *La Morale et la loi de l'Histoire*, pp. 9-10. « Ce sera le mérite des peuples
que d'arriver à une vie politique et sociale assez libre et assez lumineuse
pour se renouveler chaque jour dans la justice, en se dépouillant tous les
jours des germes d'injustice que l'égoïsme humain ne cesse pas de semer. »

à tout un peuple pour tout penser, tout vouloir et tout faire « (1), il est certainement plus exposé à errer et à faillir que ne l'est l'ensemble de la nation. Car « aucun homme ne saurait porter dans sa tête solitaire la pensée, l'espérance et la volonté de quarante millions d'hommes » (2). En politique, comme en économie sociale, l'union fait la force ; c'est la force de tous qu'il faut. Fénelon le voyait déjà ; c'est « tout le corps de la nation », disait-il, qui doit agir et conspirer le salut commun » (3). La loi d'aide mutuelle et d'association est souveraine là encore. « Les grandes œuvres de la vie politique et sociale commencent et commenceront à mesure que l'on saura mieux exploiter la puissance de l'association politique de tous » (4).

Cette application de l'association à la vie politique, l'organisation mixte, la forme de gouvernement dite constitutionnelle la présente. A la tête, un chef inviolable, Président ou Roi (5), représenté par des ministres devant deux chambres, diverses d'origine, et pourvues des moyens de plier les ministres à leur opinion. « Cette communication continue du Souverain et de la nation, qui est le suprême souverain, par le double moyen terme d'un ministère et d'un parlement, est de tous les arrangements le meilleur » (6). C'est que le chef de ce gouvernement « ne peut rien par lui-même, que choisir les ministres qui gouvernent sans lui. Le peuple, de son côté, quoique souverain suprême, ne peut rien par lui-même, sinon choisir ses délégués. Mais il peut, par ces délégués, ne point accueillir les ministres, en appeler au prince, et demander un autre choix ; le roi, de son côté, peut dissoudre le corps des délégués, en appeler au peuple et demander un nouveau choix » (7). Ces différents pouvoirs se modèrent donc et se contrôlent les uns les autres. « Il y a là un mécanisme d'une souplesse admirable, et c'est vraiment le plein gouvernement de la nation par la nation, gouvernement à la fois libre, solide, stable et capable

---

(1) *La Morale et la loi de l'Histoire*, II, p. 247.
(2) *La Morale et la loi de l'Histoire*, II, p. 251.
(3) *Lettre au duc de Chevreuse*, août 1710. — *La Morale et la loi de l'Histoire*, II, p. 251.
(4) *La Morale et la loi de l'Histoire*, II p. 253.
(5) *La Morale et la loi de l'Histoire*, II, p. 341.
(6) *La Morale et la loi de l'Histoire*, II, p. 243.
(7) *La Morale et la loi de l'Histoire*, II, p. 244.

de tous les mouvements de la vie. Là, tout est perfectible ou ré-
parable tous les jours. Là peut entrer, à chaque instant et de tous
les côtés, tout nouvel élément de vie, tout progrès de législation » (1). Cette organisation renferme la méthode pratique des
réformes, l'art de corriger sans briser et de marcher sans chute.

Ce gouvernement, en même temps qu'il pratique la division
des pouvoirs, est vraiment celui de la nation par la nation, car
c'est le peuple tout entier, et non un petit nombre de privilégiés,
qui est appelé à exprimer ses volontés par le suffrage universel,
par « un suffrage universel effectif et non pas dérisoire, par un suffrage universel, c'est-à-dire vraiment libre et vraiment éclairé » (2).

De plus, en dehors de ces volontés manifestées à de certaines
époques, chaque jour, la presse libre constate l'état des esprits
à l'égard des mesures prises par le gouvernement, reflète, en un
mot, l'opinion, qui peut ainsi influencer constamment les délégués de la nation.

Que l'on n'objecte pas qu'une telle forme de gouvernement,
malgré la combinaison harmonieuse des éléments et les ressources du mécanisme, n'est peut-être pas aussi bonne qu'elle le paraît.
Est-ce que le despotisme de l'un ou de l'autre des pouvoirs n'est
pas à craindre ? Ce pouvoir, alors, paralysera le jeu des autres.
Puis, la multitude ne peut-elle errer dans son choix par crainte
ou par ignorance ? Alors, au lieu d'avoir comme médiateurs les
citoyens les plus capables, elle aura les plus ambitieux ou les plus
avides. Et l'influence de la presse libre ne peut-elle être fâcheuse,
égarer l'opinion, exercer une pression funeste sur le gouvernement ?

D'avance, Gratry a répondu à toutes ces remarques. Il sait
bien que la valeur d'un tel gouvernement dépend de l'état moral
et intellectuel du peuple ; il sait bien — ne l'a-t-il pas dit, — que
cette forme parfaite demande, pour exister dans toute sa pureté,
et tous ses avantages, le respect de la justice, ou au moins, chez
le plus grand nombre, cette bonne volonté de la justice dont la
superbe vitalité des choses se contente. Il sait bien que, si les pouvoirs constitués, quels qu'ils soient, abusent de la force qu'ils
détiennent pour essayer de s'imposer, eux ou leurs créatures, on

---

(1) *La Morale et la loi de l'Histoire*, II, pp. 244-245.
(2) *La Morale et la loi de l'Histoire*, II, p. 347.

n'aura plus, sous des apparences libérales, le régime de la liberté (1). Ce régime n'existe pas lorsque le gouvernement central, fût-il mixte, absorbe les libertés des unités subordonnées, lorsqu'il ramène à soi, par un centralisme excessif, la vie politique et sociale des villes et des provinces. Le centralisme, qui peut s'organiser même sous une république, est par lui-même une oppression et facilite l'oppression. Gratry y voit « l'essence même de la tyrannie ». Que le tyran soit prince ou tribun, assemblée ou émeute, il veut que l'État n'ait qu'une seule tête pour la brider commodément (2).

Et, en effet, le centralisme tend à donner au pouvoir régnant un ascendant considérable sur les volontés individuelles, qu'il atteint par force ou par persuasion, au moyen des rouages qui relient tout à lui. Ainsi, le suffrage universel, ce moyen par excellence de l'expression des volontés nationales, dirigé « par la forte main des Césars », des puissants quels qu'ils soient, devient l'instrument d'un individu ou d'un parti.

Gratry reconnaît donc qu'il ne suffit pas à un gouvernement de présenter la forme la meilleure pour s'intituler libéral, si, en fait, il tend à abuser du pouvoir et à entraver les libertés.

Il sait aussi que la liberté de la presse, dont il signale les services possibles, présente des écueils. Il les a montrés en parlant des obstacles au développement de l'humanité (3). Il a cru qu'ils pouvaient être évités par une sage législation qui irait, non pas à supprimer la liberté de la presse, mais à punir sévèrement les délits et les crimes (4).

---

(1) « Le pouvoir n'a le droit de se dire libéral que lorsqu'il accepte sérieusement la liberté, au lieu de s'en faire un moyen de charlatanerie et de mensonge ; les peuples ne sont libres que lorsqu'ils ne sont pas dupes ; il n'y a pas de charlatanerie plus méprisable, ni de duperie plus ridicule, que l'invocation continuelle du nom de la liberté quand elle n'est ni également répartie, ni efficacement garantie ». (GUIZOT, *L'Église et la société en* 1861). Cité p. GRATRY, *la Morale et la loi de l'Histoire*, II, note 1, p. 348. — Gratry parle lui-même des « pharisiens » du progrès de la liberté, des hypocrites, des scribes de la liberté. (*Commentaires sur l'Évangile selon saint Matth.*, II, 150-151 (la note).

(2) *La Morale et la loi de l'Histoire*, II, p. 336.

(3) *Sources de la Régénération sociale*, pp. 68 à 72.

(4) *Sources de la Régénération sociale*, p. 72 : « Voici la législation sur la presse... : 1° La presse est absolument libre. — 2° Toute parole écrite est

Enfin Gratry ne s'abuse pas non plus sur la valeur du suffrage universel. Ne le réclame-t-il pas, non seulement vraiment libre, mais *vraiment éclairé ?* Et n'appartient-il pas d'ailleurs, dans les vues de Gratry, à une démocratie instruite de ses devoirs, amie du bien et de l'ordre, éprise du progrès véritable qui ne se sépare pas de la moralité ?

Ce que Gratry veut, en effet, c'est l'ascension de la grande foule, du peuple ; c'est son élévation à la fois dans la justice, l'aisance matérielle, le développement intellectuel. Il souhaite, il le dit, « l'avènement de la démocratie », ce que certains appellent l'invasion des barbares. Mais ce n'est pas l'avènement d'une masse ignorante et grossière, avide de jouir et de posséder, c'est celle d'un peuple discipliné par la vertu. « L'augmentation du nombre des hommes libres, libres de l'esclavage du vice et de l'erreur ; l'accroissement du nombre des citoyens capables de se gouverner eux-mêmes, dans le respect des lois, et de participer au gouvernement de l'Etat, voilà, dit-il, ce que j'appelle l'avènement de la démocratie » (1).

Cet avènement n'est donc pas la fin des sociétés par le déluge humain (2) ; ce n'est pas le pouvoir absolu posé sur une masse informe d'individus bien égalisés, dictature de la foule anonyme et insaisissable (3), c'est l'effort de tous apporté à l'œuvre commune du gouvernement de la nation ; tous sont électeurs, tous sont éligibles à tout ; « *ut omnes aliquam partem habeant in principatu*, disait déjà saint Thomas d'Aquin (4). Mais cette force formidable de la multitude est contenue, modérée, dirigée non point par une violence étrangère, mais par l'organisation, faite par elle d'elle-même. Ce gouvernement, sorti d'un peuple juste et éclairé, conserve sans les détruire, dans l'association effective de tous, « la monarchie, c'est-à-dire l'unité et la stabilité ;

---

signée, non de l'éditeur responsable, mais de son auteur même qui en répondra seul. — 3° Tout délit ou tout crime littéraire est puni selon la loi. Voilà tout. Mais que la loi soit énergique, qu'elle soit terrible parce qu'il y va du sang du peuple, du salut de la France et du progrès du genre humain. »

(1) *La Morale et la loi de l'Histoire*, II, p. 357.
(2) *La Morale et la loi de l'Histoire*, II, p. 273.
(3) *La Morale et la loi de l'Histoire*, II, p. 356.
(4) *Sum. theolog.* 1ª 2ᵃᵉ, quaest. cv, art. i. — *La Morale et la loi de l'Histoire*, II, p. 274.

l'aristocratie, c'est-à-dire le pouvoir nécessaire de l'expérience, de la science, de l'âge, de la sagesse et du travail accumulé » (1). Alors, on peut dire : « Rien ne domine plus ici que la loi ; plus d'individu ni de groupe qui tienne en son pouvoir la masse de la nation. Sous cette constitution, la vie d'ensemble n'est plus l'œuvre d'un seul, ni l'œuvre de quelques-uns ; elle est l'œuvre de tous » (2).

Cette vie politique, dans sa perfection, sans influence tyrannique, sans infiltration d'intérêt ni d'ambition, marque l'apogée du progrès social, qu'elle garantit en même temps. Comme telle, c'est une limite idéale vers laquelle il faut tendre. Et, pour y tendre, il ne faut pas séparer l'effort vers la réalisation de ce régime d'un effort vers une justice plus complète et plus abondante.

---

(1) *La Morale et la loi de l'Histoire*, II, p. 274.
(2) *La Morale et la loi de l'Histoire*, II, p. 274.

CHAPITRE V

Conclusion

Déjà, l'examen des vues sociales de Gratry nous permet d'en percevoir l'enchaînement et la cohésion. Si ces conceptions ne se présentent pas sous la forme austère d'une exposition sèche et précise, si elles sont parfois comme noyées parmi les diffusions, les digressions d'une parole abondante, cependant elles ne sont pas, pour cela, vagues et incertaines. Elles ne sont pas non plus des idées sans liens, sans autre rapport que celui de leur commune origine dans une âme enthousiaste et généreuse, d'où elles jaillissent sous la pression des sentiments et des émotions. L'ardeur de l'imagination et du cœur les anime, sans doute ; elle inspire la parole vivante qui s'épanche en effusions éloquentes, en appels pressants, en cris de désolation, en chants d'espérance ; elle soulève parfois si haut les aspirations, les désirs, les attentes du penseur que celui-ci semble, à la raison sévère et froide, un rêveur épris de chimères.

Mais si l'on fait la part de cette « manière » de Gratry, de cette exubérance passionnée qui l'entraîne quelquefois au-delà de sa pensée véritable, on retrouve une doctrine cohérente dont on a trop souvent méconnu le fond solide (1). C'est la liaison et l'ensemble de cette doctrine qu'il nous faut considérer maintenant.

« La science sociale, a dit Fouillée (2), doit étudier les sociétés humaines à un double point de vue : dans leur idéal et dans leur réalité. » C'est, en effet, à ce double point de vue que se place Gratry. Il s'attache à déterminer d'une part les conditions données de la société, ses caractères naturels et fondamentaux ; d'autre part, le but qu'elle doit poursuivre, les formes qu'elle doit revêtir pour se développer et se perfectionner. La société ne lui apparaît ainsi, ni comme uniquement l'œuvre de la volonté de l'homme, ni comme le fait de la seule nature. Cependant, celle-ci en pose les bases et les lois ; elle en donne le germe.

La société est, en effet, pour Gratry, un vivant organisme, avec ses parties, ses déterminations, ses tendances primitives. Cette comparaison de la société à un corps, à un être organisé, déjà faite par Aristote et d'ailleurs exprimée souvent dans l'antiquité (3), a été reprise et développée par les philosophes modernes (4). Quelques-uns l'ont poussée jusqu'à une assimilation complète qui va à confondre la biologie et la sociologie. On sait qu'Herbert Spencer a été l'un des plus ardents propagateurs de cette théorie (5) dont A. Comte signale les dangers. Mais Gratry ne se laisse pas aller à l'exagération qui prétend retrouver dans la société les moindres détails de l'organisation et des fonctions d'un corps vivant. C'est au contraire d'une manière très large qu'il fait ce rapprochement. Il ne signale, en réalité, leur ressemblance que sous deux rapports. D'abord, la société, comme le corps organisé, dans ses lois essentielles et ses éléments primitifs, provient de la nature.

---

(1) P. ex. le P. At : *La phil. de Gratry*, pp. 43-44. — Em. CHARLES, article du *Dictionnaire des Sciences philosophiques*, pp. 645-646.

(2) *Science sociale contemporaine*, liv. I, p. 1.

(3) Ainsi l'apologue classique de Menenius Agrippa ; Marc Aurèle dit aussi : « Le même rapport d'union qu'ont entre eux les membres du corps, les êtres raisonnables, bien que séparés les uns des autres, l'ont aussi entre eux, parce qu'ils sont faits pour coopérer à une œuvre commune ». (Marc AURÈLE, VII, 13.)

(4) V. JAEGER: *Manuel de zoologie*. — SCHAEFFLE : *La structure et la vie du corps social*. — M. WORMS : *Organisme et société*. — LILIENFELD : *Pathologie sociale*. — Et aussi KRAUSE.

(5) *Principes de sociologie*. — *Essais de politique*.

Ensuite la société, ainsi que le corps, est constituée par l'union
de parties qui gardent leur distinction dans l'unité du tout. Il ne
cherche donc pas, entre les fonctions, les organes du corps humain
et les organisations sociales, ces analogies, aussi ingénieuses qu'ima-
ginaires, qui tendent à égarer la sociologie.

Si la société est un organisme, si elle n'est ni l'œuvre du hasard,
ni celle de la volonté humaine unissant les individus par un mutuel contrat, si, en un mot, elle procède de lois fondées sur la nature même de l'homme, elle enferme un élément de nécessité,
comme l'organisme vivant. Mais il faut prendre garde ici d'outrer
la ressemblance. Le développement physique de l'être organisé
se produit tout entier suivant l'impulsion initiale contenue dans
le germe ; sa croissance a lieu en lui, sans lui. Le développement
social ne présente pas ce caractère de détermination fatale. Sans
doute, Gratry montre avec raison, dans l'être vivant, non seulement des fonctions nécessaires, mais aussi des fonctions libres.
Seulement, il faut remarquer que ces fonctions libres ont
un rôle, non pas tant dans le développement physique proprement dit, que dans l'action de chaque jour, dans la conti-
nuation de la vie ; tandis que, dans la société, la liberté intervient,
et dans la croissance et dans la conservation. Mais, peu importe ;
ce qu'il faut retenir, c'est que, si la société présente un élément
de spontanéité déterminée, elle présente aussi, Gratry l'admet,
un élément de liberté. Elle est un germe, c'est vrai, mais c'est
un germe dont la croissance dépend de l'activité intelligente et
libre qu'il contient, et non pas d'un processus fatal, d'une tendance
qui va aveuglément au but tant qu'une force adverse ne vient
pas la détruire ou la dévier.

De l'existence de ces deux éléments dans le corps social : nécessité, liberté, découlent des conséquences importantes. Le premier,
nous l'avons dit, manifeste la part de la nature dans l'organisation sociale. Or, comment doit agir l'homme convaincu de l'origine
naturelle du groupement social ? Pour développer celui-ci, devra-
t-il s'efforcer de le détruire afin de le construire sur un plan nouveau, qu'il juge plus parfait ? Évidemment, une telle attitude
serait absurde. Quel agriculteur, quel jardinier, sous prétexte
d'améliorer les produits de ses cultures, songe à briser la graine
afin d'en modifier l'arrangement et les parties ? Si les fondements
de la société sont des données primitives, il ne peut y avoir à leur
égard, pour l'homme désireux du progrès de l'humanité, qu'une

seule manière d'agir : il doit les respecter. Et c'est en effet ce que conclut Gratry. Il s'élève contre les réformes artificielles, les ébranlements violents, qui prétendent briser et tuer pour arriver à vivifier. Il rejette tous les projets de bouleversement qui espèrent le progrès d'un changement complet. « Il n'y a pas lieu, dit-il, de détruire la société contemporaine pour la refaire sur un plan meilleur. Il serait bon de renoncer à ces risibles et impuissants efforts de génie fou, d'héroïsme effaré qu'on dépense à créer l'organisation sociale véritable » (1). L'organisation sociale preexiste à ces réformateurs téméraires qui datent de leur venue une ère nouvelle. Elle est donnée, dès l'origine, dans ses bases essentielles et les lois qui la développent. Ces bases, il faut donc se garder de les ébranler, sous peine d'accumuler les ruines. C'est ce que fait celui qui s'attaque à la famille, à la propriété, à la patrie. Pour Gratry, ce sont là des faits primordiaux et comme les grands linéaments du corps social, tracés par la nature même. Ces faits procèdent, d'abord, non pas du libre choix, mais de l'impulsion instinctive ; ils jaillissent du fond inconscient constitué dans la société par les tendances primitives de l'homme, qui l'entraînent et le dirigent même avant que l'intelligence ait découvert clairement les fins où elles le conduisent. Expression spontanée de la nature, fondés par elle et sur elle, ces faits sont donc en harmonie avec les besoins de l'homme, et c'est les justifier que d'en marquer l'origine. On peut encore, il est vrai, en prouver la valeur par l'étude de leurs conséquences. On peut démontrer que, tandis qu'ils sont une source d'avantages et de bienfaits, tandis qu'ils maintiennent l'ordre, la prospérité sociale, leur destruction ou leur affaiblissement altèrent l'ordre et menacent la prospérité. C'est ce que fait Gratry, nous l'avons vu, en maintenant la nécessité de la patrie, en montrant la force donnée à l'organisme social par la famille solidement fondée, et assurée d'une sécurité solide par la propriété.

Le corps social, comme l'être organisé, ne peut donc se développer que si les parties qui le composent se développent harmonieusement selon leurs formes et leurs lois. Pour la société, comme pour l'organisme, le progrès est dans une différenciation nette des éléments, c'est à-dire dans le total développement propre qui convient aux unités intégrantes, s'épanouissant chacune dans la pleine vi-

---

(1) *La Morale et la loi de l'Histoire*, I, p. 61.

gueur d'une intacte vitalité. Il est en même temps dans une étroite union de ces éléments, concourant ensemble au même but,
qui est à la fois la vie et la croissance du tout et des parties. Dans
la société, les groupements de plus en plus larges, les organes :
familles, tribus, cités, provinces, nations, doivent être à la fois
vigoureusement distincts et étroitement unis entre eux : « Péné-
trons-nous de cette vérité, dit Gratry ; que la vie de l'ensemble,
la vie de l'Europe par exemple, et plus tard celle du monde entier,
sera d'autant plus riche et plus forte que chaque nation sera plus
libre, plus souveraine, plus solidement organisée, plus distincte
dans son travail, plus saillante dans ses caractères : de même
que la vie de chaque peuple s'enrichit et grandit par le nombre
et la force des unités subordonnées, par la croissance de la vie
libre et originale de chaque contrée, de chaque cité, de chaque
famille, de chaque homme » (1).

Mais, encore une fois, ces unités *distinctes* sont loin d'être *sépa-*
rées ; elles forment, par leur ensemble, un *tout ;* elles sont solidaires.

La solidarité sociale, tel est le phénomène que met fortement
en lumière la comparaison de la société à un organisme vivant.
Gratry est loin de négliger ce fait qui a acquis de nos jours une
place si considérable en sociologie. Cette liaison de chacun à tous
dont on avait, de tout temps, aperçu quelques aspects, avait du
reste commencé d'attirer l'attention des penseurs. Pierre Leroux,
Bastiat, A. Comte surtout, en comprennent l'universalité et en
signalent l'importance. Si Gratry n'est pas l'initiateur de ce mouvement solidariste, sur lequel certains ont fondé de si grands espoirs, cependant il est l'un des premiers qui ait montré la solidarité comme l'une des grandes lois sociales fondamentales.

Dans ce tout différencié qui est l'humanité, on peut dire qu'il
n'y a pas d'événement purement local ou individuel ; tout ébran-
lement d'un point retentit dans la masse d'une manière plus ou
moins sensible. Aussi Gratry répète-t-il, maintes fois : « Le bien
de l'un, c'est le bien de tous, le mal de l'un, c'est le mal de tous ».
Cela est vrai, antérieurement à toute volonté, à toute intention.

Gratry n'attribue pas, en effet, à la solidarité, un caractère
moral comme le feront les solidaristes ; elle n'est en rien l'œuvre
de l'homme ; elle ne se présente pas comme le résultat d'une con-

---

(1) *La Morale et la loi de l'Histoire*, II, p. 325.

vention explicite ou implicite, d'un quasi-contrat, comme l'a dit
M. L. Bourgeois (1), et après lui M. Andler (2). La force unique
qui lie les hommes, qui fait la société, la forme en un tout, est fatale comme celle qui groupe les astres. Ici, l'attraction maintient
les mondes célestes ; là, « le désir nécessaire du bonheur, le besoin
de la vie et de la vie toujours plus abondante » (3), crée et conserve le monde social. La dépendance étroite dans laquelle se trouvent
les hommes par rapport les uns aux autres est donc un fait, —
qui entraîne avec lui des conséquences, — mais qui, par lui-même,
ne nous fait pas sortir du domaine de la nécessité. La solidarité
exprime une réciprocité fatale, un retentissement en quelque sorte
mécanique, dans le tout social, de l'état et des gestes de chacune
des unités composantes.

A vrai dire, elle peut fournir une règle de vie sociale ; mais c'est
une règle purement intéressée, qui respecte les conditions données
par suite de considérations uniquement utilitaires. Cette règle
conduira l'homme à veiller à son attitude vis-à-vis des autres.
Il s'efforcera de ne pas leur faire de mal, et même, de leur faire du
bien, dans la pensée qu'il pourra lui-même souffrir du mal fait
ou profiter du bien réalisé. Mais il est trop clair que l'homme
n'éprouve pas toujours un préjudice immédiat et sensible du tort
qu'il cause aux autres. Si le mal accompli par l'individu nuit
au tout auquel il appartient, cependant il arrive que lui-même,
au contraire, peut récolter profit et avantage matériels de ce mal.
Donc, non seulement la solidarité n'a pas de caractère moral,
mais encore elle n'impose pas toujours à celui qui s'inspire d'elle
une conduite conforme, même en apparence, à celle que dicte la
moralité. Cependant, d'une manière générale, on peut dire que
Gratry a raison d'y voir une « justice forcée » (4), antérieure à la
justice connue et voulue, et qui suffit à maintenir l'organisation
sociale naturelle. Ainsi, c'est sans se douter des services qu'ils
se rendent réciproquement que les hommes vaquent chacun à son
labeur. Ils ne travaillent que pour eux-mêmes, semble-t-il ; en
réalité, la division du travail leur fait pratiquer déjà l'aide mutuelle.

---

(1) Léon BOURGEOIS : *Solidarité*.
(2) *Revue de Métaph. et de Morale*, 1897, pp. 521 et suiv.
(3) *La Morale et la loi de l'Histoire*, 1, p. 18.
(4) *La Morale et la loi de l'Histoire*, 1, p. 66.

Il y a là l'accomplissement d'une loi nécessaire. Cependant la société, parce qu'elle n'est point un système d'êtres purement matériels, mais une union de personnes intelligentes et libres, enferme, nous l'avons dit, d'autres lois que les lois nécessaires. On y trouve, en effet, un élément nouveau, absent de l'ordre physique, la liberté. Non pas l'absence d'entrave, ainsi qu'il arrive à la loi qui se déploie sans obstacle, au mobile qui poursuit sa course sans empêchement, mais le pouvoir de se déterminer soi-même pour un but connu et voulu.

Cet ordre de la liberté domine celui du déterminisme. Cependant, l'un et l'autre sont étroitement liés : ils ne peuvent pratiquement s'isoler. De même que, en l'homme, la vie de l'âme retentit dans la vie du corps, et celle-ci en celle-là, ainsi, dans la société, on ne saurait séparer le domaine de la liberté et celui de la nature d'une manière absolue. Les conséquences de la solidarité se déroulent, nous l'avons vu, dans l'ordre matériel ; elles y produisent des dépendances d'intérêts et ainsi gouvernent, dans une large mesure, le jeu des forces économiques. Elles se font sentir aussi dans la sphère morale de la liberté où l'homme ne saurait être bon ou mauvais pour soi seul. D'autre part, en vertu de cette liberté, l'homme peut observer les lois fondamentales de la société ou les violer, continuer l'œuvre de la nature et la conduire à un développement de plus en plus grand, ou altérer cette œuvre et s'efforcer d'y substituer ses conceptions arbitraires.

Il suit de là que le progrès social dépend, en définitive, de la volonté de l'homme qui peut l'entraver, ou au contraire y travailler.

Mais, dès qu'il s'agit de volonté, il s'agit en même temps de connaissance et de moralité. De connaissance, car la volonté n'est vraiment libre et humaine que lorsqu'elle est éclairée par l'intelligence, et celle-ci, pour diriger utilement la volonté, doit posséder la vérité. D'où l'importance que Gratry attribue à la science sociale, à sa diffusion par l'instruction. Cette science est, tout d'abord, celle des fondements naturels de la société et de leurs lois. L'homme doit les connaître puisque, pour contribuer au progrès social, il lui faut diriger ses efforts dans le sens qu'indiquent ces lois, ces déterminations tracées par Dieu, dès l'origine, dans l'organisme social. Les institutions nouvelles, bonnes et utiles, seront donc celles qui s'inspireront de ces lois primitives, de ces orientations fondamentales ; par conséquent, celles qui s'efforceront de constituer l'association harmonieuse des unités en respectant la vie propre de ces unités. De là les préférences politiques de Gratry, sa défiance du centralisme qui opprime et de l'individualisme qui affaiblit, et aussi sa confiance dans l'association. Ces différenciations dans la cohésion, cette liberté dans l'unité, qu'il indique comme la loi des groupements humains naturels, il la voit aussi celle de ces groupements artificiels, qui enferment d'ailleurs les premiers, et qui sont l'œuvre des hommes : l'organisation politique des nations. Il résume son idéal social et politique dans cette page, où il montre le bien qui résulte du respect de la liberté uni à la force d'une solidarité, non pas seulement naturelle, mais volontaire. « Le plein gouvernement de la nation par la nation, c'est la loi même de la vie sociale ; c'est le contraire de la tyrannie centralisatrice, oppression de la masse par un centre, possession du tout par un point ; c'est le contraire de cet esprit de mort qui détruit les unités subordonnées, qui absorbe les hommes, les familles, les provinces et les villes dans l'idole abstraite de l'Etat, ou plutôt dans le grand prêtre de l'idole, prince ou tribun, assemblée ou émeute ; c'est la vie de la grande unité nationale cherchée dans la force et la vie des unités subordonnées. Plusieurs cœurs et plusieurs raisons consistantes dans la famille, quelle vie et quel bonheur ! Beaucoup de familles libres, connues, solides, suivies, enracinées dans la cité et nobles de la vraie noblesse, quelle richesse et quelle dignité ! Beaucoup de villes libres aussi, et consistantes, avec lesquelles le centre doit compter, ayant leurs traditions et leurs institutions, leur industrie, leur supériorité relative sur un point, leur dignité municipale, leur souveraineté locale : quelle richesse et quelle force ! Puis, au-dessus de ces richesses et de ces forces, l'admirable et puissante unité de la patrie ! Quelle beauté ! Quelle grandeur ! » (1).

N'avait-il pas déjà dit que les sociétés, œuvres de l'homme, ne devaient et ne pouvaient pas nuire aux sociétés naturelles ; mais, au contraire, qu'elles devaient se corroborer mutuellement : « De même que l'individu trouve son bien dans le bien social, et que la société à son tour trouve sa prospérité dans la prospérité individuelle, de même toutes les espèces de sociétés naturelles ou volon-

---

(1) *La Morale et la loi de l'Histoire*, II, pp. 349.

taires et libres, trouvent leur bien dans le bien de l'ensemble... » (1).

Ainsi, dans une société prospère, on retrouve partout la solidarité que la nature établit spontanément et que l'homme doit ensuite respecter, s'il veut continuer l'œuvre commencée.

Mais la connaissance de la vérité scientifique ne saurait suffire à diriger la volonté humaine. Car le monde de la liberté a ses lois propres, comme le monde de la nature physique. Or, quelle est la loi de la liberté, sinon la loi morale ? Cette liberté n'existe, ne se déploie, que lorsqu'elle reste soumise à sa loi. Autrement la volonté, esclave des passions, jouet des influences extérieures, ne s'exerce pas librement. L'homme n'est pas alors vraiment homme : il est « une force qui va », un être agi et non pas agent. Il introduit ainsi, dans l'ordre universel, un désordre grave, en même temps qu'il se diminue lui-même. Or, si le progrès social dépend de l'homme, et si la valeur de l'homme dépend de sa moralité, il résulte que le progrès social dépend du progrès moral. De plus, tout développement de moralité produit une croissance de liberté ; il résulte donc encore que le progrès social ne saurait être qu'un progrès dans la liberté, non pas dans « la liberté pure et prise à part, » mais un progrès « de la liberté dans la justice » (2).

Cette liberté, bien loin d'exclure l'obéissance à la loi morale et à la loi civile, la suppose, au contraire. De sorte que les peuples disciplinés la possèdent seuls ; les autres sont punis de leur injustice par la rigueur du pouvoir social, le despotisme, l'esclavage (3).

---

(1) *Sources de la Régénération sociale*, p. 2.

(2) *Commentaire sur l'Evangile*, I, 123.

(3) « Les hommes chargés de gouverner les autres comprennent l'usage du despotisme et son rôle dans l'histoire.

» Que faire en présence d'une masse d'hommes où l'âpreté des instincts personnels maintient un trouble incessant, où chacun, poursuivant sa proie et son désir, heurte et se rue contre les autres, où tout remue et lutte, depuis l'esprit ambitieux de gloire jusqu'au voleur qui dérobe de l'argent ; sans compter ceux qui suivent de l'œil le dépositaire de la force pour épier ses mouvements, qui multiplient les bruits occultes pour le troubler ? De sorte que le pouvoir social chargé de protéger le peuple afin qu'il vaque à son travail, de prévoir les besoins généraux, de maintenir la paix, et d'apaiser les bruits inévitables qu'entraîne la marche d'un grand peuple, le pouvoir doit lutter encore contre les insensés qui troublent le travail, parce qu'il leur plaît de l'entraver. » *Méditations inédites*, pp. 112-113.

« La liberté, en tout ordre de choses, c'est l'emploi juste et vrai des forces » (1). Dans l'ordre physique, il suffit de respecter les lois pour diriger les forces. Dans l'ordre moral, il se trouve que « la loi, c'est la justice, et son but, c'est la liberté. La liberté, c'est la justice développée ; ou, plutôt, la justice et la liberté sont la même chose » (2). — Le « cri de liberté » est donc ramené nettement par Gratry à « toutes ces idées primitives de liberté chrétienne, de liberté morale et religieuse, de liberté des âmes contre le vice, l'erreur, la concupiscence et l'orgueil » (3), qui s'opposent au déchaînement des appétits, des convoitises, des passions.

Ainsi, on le voit, dans l'attitude sociale de l'homme doivent se trouver les trois termes que contient la formule choisie par Gratry comme celle de la loi de l'histoire : moralité, vérité, liberté.

Mais si la loi morale, dans toute son étendue, oblige sans cesse l'homme ; s'il ne peut même se dérober aux devoirs envers lui-même sans manquer, par là, en quelque mesure, à ses devoirs sociaux, cependant quelle forme revêtira cette loi en ce qui concerne le rôle social proprement dit de l'individu ? Quelle expression peut-elle avoir, sinon une formule qui enferme la grande loi naturelle déjà signalée, la solidarité, mais qui l'élève à un ordre supérieur en substituant, à sa valeur nécessaire, une valeur morale qui la complète, la perfectionne, la transporte du domaine de l'empirisme dans celui de la raison et de la liberté, et la propose à la volonté et au cœur de la personne humaine. La loi morale, en ce qui regarde la société, exprimera les conséquences morales, les devoirs qui résultent de l'étroite liaison de chacun à tous. Là où régnait une réciprocité involontaire, une union indélibérée, elle introduit la justice et la charité.

C'est en effet ce qu'exprime la maxime proposée par Gratry : « Tout ce que vous voulez que les hommes fassent pour vous, faites-le pour eux ». Elle reconnaît la solidarité, base de la société, et elle résume les obligations morales suscitées par ce fait. Et il se trouve que « ce qui est la formule de l'amour, est en même temps la loi de la nécessité » (4).

---

(1) *La Morale et la loi de l'Histoire*, I, p. 317.
(2) *La Morale et la loi de l'Histoire*, II, p. 139.
(3) *Henri Perreyve*, p. 164.
(4) *La Morale et la loi de l'Histoire*, I, p. 79.

Ecartant de cette maxime, comme on le doit, toute signification intéressée, certains ont voulu y voir uniquement un précepte
d'amour mutuel. C'est à ce titre que M. Janet y applaudit lorsqu'il
affirme que « ce précepte d'amour, bien entendu et appliqué dans
toute son extension, suffit entièrement, et même au-delà, pour résoudre tous les problèmes de la vie morale et sociale » (1). Un tel
principe, pense-t-il, dispense de songer au droit : « La charité,
si elle est parfaite et éclairée, rend le droit inutile... Le droit, sans
doute, ne cesse pas d'exister, mais il n'est plus qu'en puissance » (2). C'est que « Le droit n'est qu'une défense ; une défense
est superflue entre personnes qui s'aiment ». Mais, ce qui cause
l'admiration de M. Janet, cause aussi son inquiétude. Ce principe
si élevé ne dépasse-t-il pas la force des âmes moyennes ? N'enfer-
me-t-il pas, d'ailleurs, une imprécision, une incertitude qui peut
être très favorable aux lâches interprétations du devoir ?

M. Fouillée, à son tour, considère comme la maxime de la charité seule la loi où Gratry a vu le fondement moral de l'ordre et du
progrès social. Il lui accorde volontiers une valeur pratique : « Elle
fournit, dit-il, une sorte de procédé empirique, et même mécanique,
pour rétablir dans notre esprit, entre nous et les autres, l'égalité
morale, sans laquelle il n'y a ni respect ni amour » (3). Mais il en
conteste la valeur théorique. Qu'est, en effet, cette « volonté »
que l'on doit prendre comme indication directrice de sa conduite
à l'égard d'autrui ? Elle ne peut être que « le désir, ou la volonté
droite, ou l'amour » (4). Dans le premier cas, il est évident qu'elle
ne saurait servir de règle, car on ne peut fonder sa conduite à
l'égard des autres sur ses propres désirs, qui peuvent contredire
les leurs. Dans le second cas, si la maxime entend une volonté
droite, elle signifie : « Agissez comme vous devriez vouloir qu'on
agît envers vous ». Cercle vicieux, qui revient à dire : « Faites aux
autres ce qu'il est juste ou charitable de leur faire » ; il reste toujours
à savoir où est la charité » (5). Mais c'est le troisième sens qui est
en réalité celui de la maxime chrétienne, admet Fouillée ; elle

(1) *Histoire de la Science politique*, I, p. 309.
(2) *Histoire de la Science politique*, I, p. 309.
(3) *La Science sociale contemporaine*, p. 336.
(4) *La Science sociale contemporaine*, p. 338.
(5) *La Science sociale contemporaine*, p. 339.

ordonne d'agir envers les autres sous le mobile et l'inspiration de
l'amour. Et alors : « Nous prendrons pour mesure à l'égard d'autrui l'idée que nous nous faisons du bien et de la vérité » (1). —
« En somme la charité chrétienne, quand on n'y introduit pas la
notion philosophique du droit et de la justice, n'est qu'un instrument sujet à toutes les erreurs et à toutes les interprétations abu-
sives, sans aucune rigueur scientifique ni juridique » (2).

Disons d'abord que, s'il y a un danger, comme le signalent
MM. Janet et Fouillée, à voir dans la charité seule le fondement
de la loi sociale, il y en a un aussi à baser celle-ci uniquement
sur la justice. C'est l'écueil de la thèse solidariste qui résume les
devoirs de l'homme à l'égard de la société en l'acquittement
d'une dette.

Or, une dette peut se chiffrer, s'exiger ; celui qui en paye le
montant peut se considérer comme libéré vis à vis de son créancier.
Après avoir versé sa redevance sociale, l'homme peut s'en aller
d'un cœur léger, sans souci des misères, des souffrances qu'il rencontre sur son chemin. Il a payé l'impôt qu'il doit à ces pauvres ;
l'Administration se chargera de les secourir. Pour lui, il est tranquille, il a son reçu. Car, enfin, c'est là qu'il faut aboutir : à confier
à l'Etat la détermination, la perception et la distribution de cette
quote-part qui représente le montant de la dette sociale de chacun.

De quelle sécheresse, de quelle raideur deviennent ainsi les rapports sociaux ! Mais la société ne peut se réduire à un mécanisme,
dont les rouages exacts s'engrènent dans un mouvement irrésistible, qui n'a cependant rien de la vie. Ce déterminisme, auquel
conduit logiquement la théorie de la dette sociale, méconnaît
la nature de l'homme aussi bien que celle des phénomènes sociaux.
Aussi ne saurait-il remédier aux maux de l'humanité ; il est une
cause de difficultés nouvelles, parce qu'il ne tient pas compte d'un
caractère essentiel de l'âme humaine : la liberté.

Si l'on supprime l'amour de la loi fondamentale de la société,
on aboutit, en effet, à la contrainte. Si, au contraire, tout en re-
connaissant la loi nécessaire de la solidarité, on prétend respecter
la liberté, si l'on voit le progrès de l'individu et de la société dans

(1) La Science sociale contemporaine, p. 339.
(2) La Science sociale contemporaine, p. 341.

la croissance de cette liberté, — ainsi que le fait Gratry, — alors on est conduit à donner à la charité une importance essentielle. C'est à cette conclusion qu'arrive aussi Secrétan, qui estime, comme Gratry, que le développement de la société suppose à la fois la liberté et l'unité. « L'homme étant partie intégrante d'un tout, dit-il, son but, son bien, sa destination consiste nécessairement à réaliser le tout auquel il appartient et par lequel il subsiste. D'ailleurs, étant capable de liberté, il est son but à lui-même, il doit réaliser sa liberté. Sans se contredire, sans se déchirer, et par conséquent d'une même volonté, il doit poursuivre son bien personnel et le bien du tout dont il ressort. Ainsi, le bien de ce tout est son bien propre. La construction du tout, qui est sa tâche, doit être l'accomplissement de sa liberté. Ce tout, préformé par la nature, dans la famille, dans la tribu, dans la race humaine, cette société d'êtres libres doit être une libre association, la réalisation positive de la liberté. L'unité ne se concilie réellement avec la liberté que si l'unité résulte de la liberté même, de la liberté des individus, sinon ce que l'un gagne est autant de perdu pour l'autre. Mais pour que l'unité d'une société résulte de la liberté de ses membres, il faut que, renonçant à se prendre eux-mêmes comme but exclusif, chacun d'eux prenne pour but le tout et les autres membres de ce tout. En d'autres termes, il faut *qu'ils s'aiment.* L'amour est l'unique solution du problème de notre destinée, de ce problème impliqué dans notre essence, savoir : que nous sommes des touts et des parties, ensemble et simultanément » (1).

Cependant, il est vrai que si l'on considère l'amour du prochain à part de toute notion objective qui le dirige et l'inspire, comme M. Janet et M. Fouillée semblent supposer que le fait Gratry et le christianisme, il n'a plus qu'une valeur purement subjective ; il peut conduire à toutes les faiblesses, ou à toutes les tyrannies, aussi bien qu'à l'héroïsme du sacrifice.

Mais ne peut-on dire d'abord que le sentiment n'exclut pas la connaissance et que même, dans une âme équilibrée, saine, la connaissance précède ordinairement et fonde le sentiment ? Pourquoi, d'ailleurs, vide-t-on la maxime chrétienne de tout contenu intellectuel d'une valeur universelle, pour ne lui laisser qu'une partie sentimentale qui recevra sa signification et sa direction des dis-

---

(1) *Discours laïques,* p. 332.

positions mentales et morales de celui qui la reçoit ? Lorsqu'on dit aux hommes : «Aimez-vous les uns les autres», cette invitation à la charité déclare-t-elle inutile la connaissance nécessaire pour rendre cet amour juste et éclairé ? Elle la suppose et la contient, bien plutôt. On ne peut aimer sans un motif d'amour.

En réalité, la maxime où Gratry voit la loi morale et sociale par excellence, indique l'amour, non pas comme le devoir unique et suffisant de l'homme envers l'homme, mais comme le terme, la consommation de ses devoirs. Et c'est bien ainsi que l'entend Gratry. La notion de droit, que Fouillée voit absente du précepte qu'il critique, y est implicitement contenue et sert de base à la charité.

Que dit en effet Gratry ? Il a montré que le désir du bonheur groupait les hommes et était ainsi la force qui forme le tout social. Quelle loi va gouverner cette force ? Sera-ce la charité ? Non, c'est « la justice » (1). Il estime si bien que la justice est le devoir fondamental que, loin de l'absorber, de la perdre dans la charité et de dire, comme M. Janet, que cette charité rend le droit inutile, il voit au contraire dans la justice, qui respecte le droit, la plus essentielle forme de l'amour. Il affirme que l'on ne saurait être vraiment juste si l'on n'aime. Avant lui, les Romains n'avaient-ils pas marqué le caractère de cette justice sans cœur, inflexible et impitoyable : *summum jus, summa injuria?*

La vraie justice s'inspire du droit, d'abord ; puis elle puise dans l'amour la force de préférer entièrement le droit d'autrui à la satisfaction du moi ; elle s'en aide pour écarter les sophismes de la passion, si habile à nous persuader la valeur des exceptions qui nous concernent, la légitimité de notre égoïsme : « Maintenir, respecter dans l'intérieur de ma volonté libre le droit d'autrui comme mon droit propre et fouler aux pieds l'égoïsme qui nous porte tous et toujours à dévorer autrui : c'est le sacrifice de justice que n'accom-

(1) « Comme l'attraction agit immuablement sous sa loi, et ne produit cette harmonie que parce qu'elle agit en effet sous cette loi, de même le désir inné et nécessaire du bonheur est le principe de tous les mouvements, progrès et harmonies du monde social, s'il opère immuablement sous sa loi. Or, sa loi, c'est évidemment la justice. » *La Morale et la loi de l'Histoire*, II, p. 50.

plit jamais l'homme qui n'aime pas son prochain comme soi-
même » (1).

L'amour ne supprime donc pas le souci du droit ; la charité ne
vient pas supplanter la justice ; elle la rend entière. De sorte que
si, en théorie, on peut les séparer l'une de l'autre, on ne le peut point
pratiquement.

Cependant, Gratry ne confond-il pas ainsi deux sortes de devoirs et, s'il n'oublie pas de faire sa part au droit et à la justice,
n'étend-il pas leur domaine jusque dans celui de la charité ? Il ne
semble pas que la justice exige l'amour. Comme le dit Aristote (2),
dans la justice, nous regardons nos semblables comme autres que
nous-mêmes, et dans l'amitié comme d'autres nous-mêmes. La justice est le respect d'un droit net et déterminé qui n'exige pas cette
sorte d'identification idéale des personnes que suppose la charité.
Pour être juste, on n'a pas besoin d'aimer.

Il est, en effet, une justice qui revêt une forme négative et qui
défend rigoureusement certains actes sans que la charité ait à
intervenir pour aider à apprécier, dans ces cas-là, l'étendue des
obligations qui incombent. On ne saurait reprocher à Gratry d'oublier la nécessité de cette justice, que l'on peut appeler élémentaire. Combien de fois n'en déplore-t-il pas l'absence ? Combien
de fois ne rappelle-t-il pas, avec énergie, ces deux préceptes qui
la résument : « Ne pas tuer ; ne pas voler ». Sans doute encore,
même lorsqu'on donne à la justice une forme positive, il se trouve
qu'elle peut souvent se suffire à elle-même. Il n'est pas besoin
d'aimer son créancier pour verser à l'échéance le montant de sa
dette.

C'est restreindre à l'excès le domaine de la justice que d'en
réduire l'exercice à de semblables circonstances ; c'est aussi sim-
plifier à l'excès le réel, si fertile en complications, que d'imaginer
des données toujours nettement déterminées, où le droit apparaît
clairement d'un côté et le devoir de l'autre, celui-là rigoureusement
exigible, celui-ci bien délimité. Il y a des cas nombreux où la justice, comme le dit Gratry, ne se sépare pas, pratiquement, de la
charité. Ainsi, le créancier qui use de son droit jusqu'à réduire
son débiteur à la plus extrême misère est juste certainement,

---

(1) *La Morale et la loi de l'Histoire*, II, p. 51.
(2) *Morale à Nicomaque.*

légalement parlant. Pouvons-nous dire, cependant, qu'il pratique la vertu de justice ? La justice pure, comme l'a dit Aristote, est une règle de fer rigide, qui ne saurait exactement appliquer ses préceptes généraux aux cas particuliers, qui est *injuste*, par conséquent, dans certaines circonstances. La justice tempérée par la charité ressemble au contraire à cette règle de plomb des Lesbiens qui se plie aux accidents de la pierre et en suit tous les contours, toutes les formes.

Sans doute, au point de vue théorique, il est utile, il est nécessaire de distinguer nettement la notion des devoirs de justice ; de marquer qu'ils supposent dans celui envers qui ils obligent un droit correspondant. Car, si l'on admet que ce droit existe par rapport aux devoirs de charité, ou de la part de charité qu'enferme la justice complète, on arrive ainsi aux plus graves conséquences et, en ce qui concerne les biens matériels, on aboutirait à la destruction même de la propriété exclusive, au communisme.

Mais rien n'est plus loin de la pensée de Gratry ; il ne confond pas ces deux ordres de devoirs ; il affirme seulement cette vérité profonde, que la charité est inséparable de la vraie justice, de la justice réelle, concrète, vivante, qui s'exerce au milieu des complexités de la vie. Cette justice est le respect du droit, suivant cette belle définition : « La justice est une constante et perpétuelle volonté faisant droit à chacun : *Justitia est constans ac perpetua voluntas suum cuique jus tribuens* ». Oui, la justice absolue, éternelle, en elle-même, est cela. C'est une force qui est le fond du monde, qui est Dieu même, et qui veut et opère ou inspire le droit, constamment et continûment. Et notre justice relative est l'union de notre volonté à cette force et à cette volonté » (1).

Cette justice est aussi l'exercice de l'amour, car, « connaître le droit d'autrui, le vouloir comme notre propre droit, le maintenir contre nous-mêmes, lorsqu'il le faut, en brisant dans notre âme la pente d'iniquité, c'est-à-dire l'égoïsme qui s'aime envers et contre tous, c'est aimer son prochain comme soi même, c'est la justice. C'est la justice non pas concrète, mais pratiquée » (2).

On voit donc que Gratry ne néglige pas, dans la loi sociale, l'élément du droit, de la justice, comme on le lui reproche. Ce droit,

---

(1) *La Morale et la loi de l'Histoire*, II, p. 52.
(2) *La Morale et la loi de l'Histoire*, II, pp. 51-52.

évidemment, comporte des déterminations rigoureuses, « scientifiques, juridiques », ainsi que M. Fouillée veut avec raison en voir
dans le fondement des relations sociales. Cela, c'est l'affaire des
législateurs, des juristes. Gratry n'en parle pas. Il se préoccupe
plutôt de la partie morale de la loi sociale que de la partie suscep-
tible de recevoir des précisions juridiques. Nous disons de la partie
morale, parce qu'elle réclame pour se réaliser le concours de l'homme tout entier, non seulement celui de son intelligence, mais encore
celui de son cœur. Cette justice complète, cette vraie justice sociale
ne peut être contenue tout entière dans les codes. Elle est vivante ;
elle est l'adaptation continuelle de la bonne volonté éclairée de
l'homme aux circonstances multiples de ses rapports sociaux. Pour
résoudre les problèmes qui se posent, il ne saurait avoir recours
seulement à des règles, nécessairement fixes et générales, qui lui
indiquent surtout la limite qu'il ne doit pas rigoureusement fran-
chir. Il doit en apprécier les données avec une intelligence dilatée
par l'amour, et libérée par lui des sollicitations de l'égoïsme.

Cependant, la gradation des devoirs sociaux qui s'élèvent de la
justice pure à cette justice plus entière, plus perspicace, adoucie,
agrandie par l'amour, comprend encore la charité pure. Il est des
circonstances où les rapports sociaux réclament des actes entièrement d'un autre ordre que les devoirs de justice ; il est des sacri-
fices, des dévouements, uniquement inspirés par l'amour, et que la
charité seule a le droit de demander. Ce domaine de la pure charité,
Gratry ne le distingue pas ; il voit la justice dans l'amour même,
dans cette « pitié du cœur », cette bonté compatissante qui donne
sa meilleure valeur au secours matériel ou à l'aide morale. C'est là,
assurément, une exagération ou, plutôt, le mot justice change
alors de sens. Il ne signifie plus le respect d'autrui, de ses intérêts
poussé jusqu'au souci actif et vigilant, jusqu'à la délicatesse saga-
ce. Il marque l'obligation qui s'attache aux devoirs de charité,
devoirs qui ordonnent impérieusement, bien que personne n'ait
le droit d'y contraindre et qu'ils relèvent de la conscience seule.
Sans leur accomplissement, l'homme n'est pas vraiment juste,
c'est-à-dire *vertueux*. Ainsi entendue, la justice représente toute
vertu et, ici, la vertu sociale complète, «l'état saint et vrai de
l'âme » (1), qui remplit à l'égard des hommes tous ses devoirs.

(1) *La Morale et la loi de l'Histoire*, II, p. 53.

« Tout ce que vous voulez que les hommes fassent pour vous, faites-le pour eux. » Dans cette loi, Gratry voit donc, incontestablement l'expression des exigences de la justice et celle de la nécessité de la charité. Elle comprend ainsi, dans une union étroite, tous les devoirs sociaux, très séparables en théorie, mais qui se pénètrent en pratique pour se soutenir et se compléter. Si donc on l'accepte dans son intégralité, on a la formule sociale par excellence, celle qui peut conduire à la fois à la liberté et à l'unité.

Gratry ne développe pas seulement la complète signification de la loi morale et sociale. Il en marque aussi la portée. Elle s'adresse aux individus et elle leur enseigne leurs devoirs, non seulement vis à vis de leurs proches, de leurs concitoyens, de leurs compatriotes, mais à l'égard de tous les hommes. Elle s'adresse aussi aux groupements sociaux. Il n'y a qu'une loi pour l'univers social : la même morale oblige les hommes et les sociétés. C'est que le tout social comprend le genre humain. C'est le genre humain tout entier qui est le grand corps dont les hommes sont des parties, dont les nations sont des organes. Ces nations, comme ces hommes, doivent pratiquer les unes à l'égard des autres la justice et la charité. Or, dit Gratry avec profondeur, « les peuples jusqu'ici n'ont presque jamais su enter l'amour que sur la haine. Il leur faut une indignation pour établir un enthousiasme. Amour de la patrie et haine de l'étranger ; justice aux pauvres et mort aux riches !

« Il est temps de sortir de ces notions déchirées du devoir, d'accomplir dans son entier la loi qui ordonne d'aimer tous les hommes » (1).

Et Gratry ne cesse d'insister sur ce point, de porter les regards de l'homme au-delà du cercle étroit qui l'entoure, au-delà des frontières de la patrie, jusqu'aux extrémités du monde, où il lui montre encore des hommes ses frères ; il ne cesse de rappeler à ces personnes morales collectives, que constituent les nations, qu'elles sont, non pas indépendantes les unes des autres, mais liées et solidaires, non pas étrangères, mais sœurs, faites pour s'aimer les unes les autres et pour s'aider, non pour se combattre et se haïr.

La moralité des individus, d'où dépend le progrès social, l'union des hommes ne peut se réaliser sans religion. Pour rendre les hommes meilleurs, pour transformer leurs âmes, la force d'une

---

(1) *La Morale et la loi de l'Histoire*, II, p. 351.

loi abstraite et philosophique ne semble pas suffisante à Gratry :
« Pour vivre de vie morale, il faut vivre du Dieu de l'Evangile » (1).
C'est dans l'Evangile, nous le savons, que Gratry a pris la formule
de la loi qu'il propose ; c'est l'Evangile qu'il a montré comme la
source de la lumière capable d'éclairer, de guider la vie sociale
aussi bien que la vie individuelle. Lui seul peut permettre de
« résoudre l'impossible problème de multiplier, dans le genre humain et dans toutes les nations, le pain, la justice, la vérité, la
liberté » (2). C'est que l'Evangile est « la justice évidente, nécessaire, éternelle et universelle, vivifiée et solidifiée par la force divine du Christ » (3). Et Gratry voit le monde contemporain :
« En présence d'un raisonnement magnifique, simple et profond,
qui saisit les yeux même de la foule et qui, se vérifiant de plus en
plus dans la vie matérielle des sociétés, ramènera les multitudes
humaines à Jésus-Christ.

» Voici ce raisonnement :

» Nul progrès de bien-être pour une nation ni pour le genre
humain sans un progrès de moralité ;

» Nul progrès de moralité sans religion ;

» Aucun progrès de religion sans Jésus-Christ » (4).

La religion de l'Evangile, voilà la force capable d'accomplir
dans l'humanité les transformations morales sans lesquelles le
progrès social est impossible. Elle est la vertu vivante qui peut
conduire à la lumière, à la sagesse, au bien-être, à la dignité
et à la liberté les masses humaines. Elle va à réaliser cette éducation du peuple qui permet l'avènement de la démocratie, et, ainsi,
celle-ci n'est que le développement de la société chrétienne, l'élévation de la foule à un degré supérieur de moralité qui lui permet
une vie plus pleine.

« Il faut que les hommes soient les esclaves du devoir ou les esclaves de la force », disait Joubert. En apprenant aux hommes
la pratique intégrale de la loi morale, l'Evangile les soustrait à
l'esclavage de la force pour les placer sous celui du devoir ; mais

---

(1) *Les Sources*, 2ᵉ partie, p. 312.
(2) *Commentaire sur l'Evang.* t, p. 41.
(3) *Commentaire sur l'Evang.*, t, p. 149.
(4) *Commentaire sur l'Evang.* t, pp. 351-352.

l'esclavage du devoir, c'est la liberté, la liberté morale qui rend capable de liberté politique.

Il y a plus : l'unité de tous par la liberté de chacun, la réalisation de cette société universelle, qui embrasse tous les hommes, ne peut être faite que par la religion. Ce lien entre les cœurs, cette fraternité qui laisse subsister cependant l'indépendance nécessaire des nations, Gratry les trouve dans la foi religieuse, dans l'Eglise. Celle-ci agit « non comme un centre qui domine, absorbe, étouffe, mais comme une étincelle, un esprit, une vie, un feu qui traverse les masses et les groupe, et suscite sur chaque point la vie propre en créant l'unité du tout » (1). Sa force d'union ne vient pas de la contrainte, comme le pouvoir de l'Etat, armé nécessairement de moyens de répression, de coaction. Son pouvoir, tout spirituel, est fondé sur la conscience, la raison et la foi. Il ne s'impose pas ; il s'accepte volontairement, et ce pouvoir dépend de Dieu seul. Ainsi l'Eglise unit les âmes dans une association étroite, formée par leur liberté, dans un même amour, l'amour de Dieu, Pasteur et Père de la totalité du genre humain. — Elle est « la société libre des esprits, société intellectuelle et morale, fondée sur Dieu, sur Dieu même vivant et présent : société supérieure, spirituelle, indépendante, unique, universelle comme Dieu, que les apôtres nomment l'assemblée de Dieu, *Ecclesiam Dei :* la société des hommes unis entre eux et avec Dieu » (2).

C'est aussi dans l'Eglise que Secrétan devait trouver la condition nécessaire de la liberté politique et sociale. Quelles que soient les différences qui séparent les convictions du prêtre catholique de celles du pasteur protestant, tous deux reconnaissent que l'union des hommes ne saurait être l'union librement réalisée, et respectueuse de la liberté, que réclament les caractères de la personne morale, s'il n'y a pas, au-dessus des formes politiques et des nécessaires distinctions sociales et nationales, une société universelle, une alliance fraternelle des âmes, « fondée sur la pénétration réciproque de l'amour, seule forme de volonté qui ait pour objet l'unité » (3). Et si Secrétan s'occupe surtout de mettre en lumière comment l'amour de Dieu peut seul fonder l'amour mutuel des hommes,

---

(1) *La Morale et la loi de l'Histoire,* II, p. 366.
(2) *Commentaire sur l'Evang.,* p. 16.
(3) SECRÉTAN, *Discours laïques,* p. 316.

souvent si peu aimables par eux-mêmes, Gratry s'attache surtout
à marquer l'élévation, la noblesse, l'indépendance de cette société
spirituelle, qui relève de Dieu, et qui groupe les âmes, au-dessus
de toutes les vicissitudes, par les liens à la fois les plus libres, les
plus forts, les plus durables.

Ainsi, la doctrine de Gratry se déploie de l'ordre matériel jusqu'à
l'ordre spirituel ; elle les embrasse tous les deux, parce que l'homme,
unité sociale, tient à l'un et à l'autre, parce que tous deux lui
offrent les conditions et les moyens propres à lui permettre de réaliser ces deux tâches qui se confondent : le développement de sa
valeur morale et le progrès de la société.

Cette doctrine, inspirée des principes fondamentaux du Christianisme, n'était pas la seule, au temps de Gratry, à se réclamer
de l'Evangile.

En 1848, en effet, sincèrement ou pour flatter l'opinion populaire,
les socialistes s'étaient posés en continuateurs de celui que certains
appelaient : « Jésus de Nazareth, premier représentant du peuple ».
Pierre Leroux (1) et ses disciples se proposaient de reprendre l'œuvre de communion mystique laissée inachevée par le Christianisme, qui avait cependant, avouaient-ils, assez bien ouvert la voie.
Proudhon lui-même permettait à Langlois, son disciple, de citer
les Pères de l'Eglise et d'écrire : « Ouvrons la Bible, ce livre qui
renferme tous les principes traditionnels de notre droit public
et de notre droit privé ». Il lui laissait dire que, si la seule doctrine
complète était le socialisme, l'Evangile pur et simple valait encore
mieux que la philosophie de Cousin » (2).

Mais ce christianisme, auquel les socialistes reconnaissent une
valeur d'initiation, leur semble seulement une ébauche de leur
œuvre propre ; il n'est pas autre chose que l'annonce, la figure
du Christianisme nouveau apporté par leurs doctrines. Celles-ci,
d'ailleurs, ne parlent pas de l'attente d'un bonheur dans l'au-delà ;
elles prétendent à un ciel terrestre, fait de toutes les joies d'ici-
bas.

Les théories socialistes apparaissent donc, en réalité, comme
bien loin de l'Evangile, et non pas fondées sur lui. Et si elles entraî-
nèrent, dans le puissant mouvement qu'elles créèrent, des chrétiens

_____

(1) *L'Humanité.*
(2) *Le Socialisme chrétien*, H. JOLY, p. 206.

convaincus, qui crurent trouver en elles la solution des problèmes sociaux, leur opposition avec le catholicisme ne tarda pas à se manifester. Proudhon put écrire que, « entre le catholicisme et le socialisme, il n'y a rien de commun » (1).

Du côté des catholiques, si beaucoup d'idées, souvent hasardeuses, avaient été émises, si un grand nombre d'entre eux s'étaient jetés, avec générosité et ardeur, dans la mêlée où l'on combattait pour le progrès de la société, aucune doctrine chrétienne ne s'était cependant constituée. On pouvait marquer des courants, des tendances ; mais ceux qui les professaient, plus hommes d'action que théoriciens, ne les avaient guère exprimées en dehors de discours, d'articles de journaux, écrits sous l'influence des circonstances du moment, au milieu de l'agitation des polémiques. D'ailleurs, dès 1849, ce mouvement même se ralentit, et au moment où Gratry publie le principal de ses ouvrages sociaux (2), les catholiques semblent se désintéresser des questions sociales.

Cependant, avant même la crise de 1848, dès 1830, ces questions sociales avaient excité les préoccupations de Lamennais. Emu de l'état des classes populaires, il avait souhaité, comme devait le faire Gratry, une amélioration de leur état économique et moral, et il en avait cherché le principe dans un rapprochement de l'Eglise et du peuple, dans l'application sociale de la morale évangélique. Sa voix éloquente avait revendiqué, au nom des principes du christianisme, les droits des pauvres et des travailleurs. C'est à lui qu'il faut remonter pour trouver l'impulsion initiale du mouvement social chrétien qui s'est épanoui de nos jours en œuvres nombreuses : associations, congrès, œuvres des cercles, semaines sociales... et qui a, non seulement en France, mais en Amérique, en Angleterre, en Allemagne, des représentants parmi les prêtres et parmi les laïques.

Si donc on ne peut donner à Gratry le nom d'initiateur, cependant, il faut voir en lui l'un des premiers philosophes chrétiens qui se soient efforcés de montrer l'accord des principes évangéliques avec les lois et les besoins sociaux. Il a ambitionné, nous l'avons vu, d'éclairer de la lumière de l'Evangile les problèmes économiques, les devoirs des riches et des pauvres, les devoirs

---

(1) *Le Peuple*, 7 décembre 1848.
(2) *La Morale et la loi de l'Histoire*, 1868.

et les droits des patrons et des travailleurs, l'organisation sociale
et politique des peuples, les relations des nations entre elles. Il a
indiqué dans la justice, dans l'amour que réclame la loi chrétienne,
le remède aux inégalités, à la misère, aux maux de l'humanité ;
aux maux, surtout, de ces pauvres, de ces souffrants, qu'il a voulu
arracher à leurs douloureuses ténèbres et élever, par le travail
et la vertu, au bien-être matériel et à la dignité morale.

S'il faut qualifier la doctrine de Gratry, on doit l'appeler
chrétienne, mais aussi démocratique. Il n'est pas un socialiste
chrétien ; il n'attend pas le progrès social de l'ingérence de l'Etat,
de la concentration en ses mains de toutes les forces, ni de la possession des biens par la collectivité. Il est un « démocrate chrétien »,
qui veut l'avènement du peuple éclairé et moralisé à toutes les
libertés légitimes, qui souhaite une société chrétienne, composée
d'hommes sachant se gouverner eux-mêmes, et rendus ainsi capables de participer à la chose publique, au gouvernement de la
nation.

La doctrine de Gratry, chrétienne et démocratique, est encore
libérale et optimiste. Au point de vue économique, il se rattache
aux physiocrates et à Bastiat. Comme eux, il voit les sociétés
humaines fondées sur des lois providentielles, établies par Dieu
pour le bonheur des hommes. Ces lois gouvernent les énergies sociales de telle sorte qu'il ne saurait y avoir entre elles aucun
antagonisme. « Les lois générales du monde sont harmoniques,
affirme Bastiat ; elles tendent dans tous les sens au perfectionne-
ment de l'humanité » (1). « Tous les intérêts légitimes sont harmoniques » (2), dit-il encore. « Ces intérêts, abandonnés à eux-
mêmes, tendent à des combinaisons harmoniques, à la prépondé-
rance progressive du bien général » (3). Mercier de la Rivière
avait exprimé la même assurance de l'heureuse action des lois
naturelles et de l'accord spontané des intérêts : « Il est de l'essence
de l'ordre que l'intérêt particulier d'un seul ne puisse jamais être
séparé de l'intérêt commun de tous, et c'est ce qui arrive sous le
régime de la liberté. Le monde va alors de lui-même. Le désir de

---

(1) *Harmonies économiques.* p. 21.

(2) *Harmonies économiques,* p. 2.

(3) *Harmonies économiques.* p. 7.

jouir imprime à la société un mouvement qui devient une tendance perpétuelle vers le meilleur état possible » (1).

Cette confiance dans la valeur des forces et des lois spontanées de la société inspire ce respect à l'égard de ce que l'on considère comme des conditions primitives et fondamentales, pour cette raison qu'on les estime comme faisant partie de l'ordre naturel ; ces théories qui attendent du jeu de la nature les conséquences les plus avantageuses pour le genre humain. Laisser faire, laisser passer, devient le mot d'ordre de l'économie sociale ; il s'agit de ne pas contrarier le libre déploiement des lois primitives qui vont, d'elles-mêmes, à procurer le plus grand bien.

Gratry, lui aussi, voit le bonheur et la prospérité du monde résulter du respect de l'ordre providentiel, de la libre action de lois fondamentales. Il n'aperçoit pas de mal, ni de cause de maux, dans l'ordre social primitif et essentiel ; le mal provient du désordre que les passions et les fautes de l'homme introduisent dans l'exercice normal des lois sociales naturelles. Il n'y a donc qu'à détruire le mal moral, le vice ; par là, l'homme est délivré du plus redoutable obstacle à son bien, au bien de tous ; il entre en possession de la plus haute liberté. Cette liberté, harmonique elle aussi à l'ordre naturel, doit favoriser le développement de celui-ci.

Gratry conclut donc, avec les physiocrates et l'école libérale, à la valeur de la liberté économique. Aux systèmes d'oppression, au protectionnisme, il veut voir substituer partout le régime de la liberté : liberté des associations, liberté du travail, liberté du prêt, liberté du commerce. Il préconise d'une manière absolue le libre-échange, sans se préoccuper si, dans certaines circonstances, il ne peut devenir nuisible. C'est sur la chute de toutes les entraves qui gênent la spontanéité, l'initiative, individuelle ou collective, qu'il fonde ses espoirs de progrès social.

Mais, tandis que les physiocrates se contentent de réclamer la liberté économique qui se propose de « laisser agir la nature des choses », Gratry demande, avec l'école libérale, les libertés plus proprement humaines, qui permettent à l'homme d'exercer toutes les facultés de sa nature morale : la liberté de conscience, la liberté de la presse, la liberté civile et politique, garantie de toutes les autres.

---

(1) *Ordre naturel essentiel des sociétés politiques*, t. 1, p. 617.

A condition que l'on établisse, par la pratique de la vertu, la
liberté morale, on ne saurait, semble-t-il, craindre aucunement
le développement des différentes formes de liberté. Combien de
telles vues sont loin des âpres doctrines qui voient dans la vie
une lutte incessante, où il faut, pour triompher, écraser les autres ;
qui considèrent la société comme un vivier, où l'on s'arrache les
proies, où le fort se nourrit du faible. Il y a une lutte nécessaire,
c'est vrai, mais c'est la lutte contre soi-même, contre l'égoïsme,
contre le mal moral.

Cependant, si les idées de Gratry sont élevées, généreuses,
elles négligent pourtant de tenir compte de faits indéniables.
Elles supposent que les intérêts sont harmoniques, alors que, si
souvent, l'on voit les intérêts particuliers s'opposer entre eux ou
à l'intérêt général. Est-ce que le déploiement des libertés ne crée
pas de conflits des droits ? N'importe-t-il pas de déterminer ces
droits et, par là, de limiter les libertés ? Dans quelle mesure le
fera-t-on ? Dans quelle mesure et comment s'exercera la force
de répression et de contrainte nécessaire pour maintenir l'ordre
social ? Gratry ne traite pas ces questions, pourtant graves.

D'ailleurs, il ne faut pas chercher chez lui des précisions scientifiques et minutieuses. Il signale l'orientation qu'il juge propre
à assurer le progrès de l'humanité ; il indique des principes sans
étudier d'une manière détaillée et complète leur application.
A d'autres d'examiner les moyens exacts de les mettre en pratique.
Pour lui, il donne, comme il le dit, « une ébauche du programme de
justice » (1). Il montre à l'humanité la route où elle doit s'engager
pour monter vers les sommets. Il lui promet le bonheur si elle veut
pratiquer la vertu ; moins que cela, si elle veut développer en elle
la bonne volonté de la justice. Et c'est parce qu'il compte surtout
sur l'énergie personnelle de l'homme appliquée à réaliser la loi
morale, qu'il tend à exagérer ses théories dans le sens de la liberté,
qu'il perd de vue l'importance d'une discipline imposée par une
force extérieure. Ne sait-il pas, d'ailleurs, que la justice inspirée
par la contrainte, et non par la conscience, est factice, superficielle,
et qu'elle n'empêche pas de violer la loi, lorsque cela se peut im-
punément ? Et c'est surtout contre ces injustices-là, non atteintes
par le Code civil, qu'il a protesté. Car il sait que les autres ne peuvent

(1) *La Morale et la loi de l'Histoire*, II, p. 350.

guère échapper à la vindicte légale. Il base donc ses espoirs sur la rectitude volontaire de l'homme. Il ne dit pas, comme Rousseau, « l'homme naît bon, la société le déprave ». Il dit : « l'homme naît, il est vrai, incliné au mal, sollicité par l'égoïsme et les passions ; mais il peut les vaincre, il peut devenir bon. Ainsi il est possible d'avoir une société sainte, et, par conséquent, heureuse.

A-t-il pensé que cette perfection morale de la société serait réellement atteinte ? (1). A-t-il cru que la société parfaite jouirait d'un bonheur complet ? On nous permettra d'en douter, bien que certains passages, tout vibrants d'espérances, tout brûlants de généreux désirs, puissent induire à croire que Gratry estime possible une transformation totale. Il ne pouvait oublier qu'il y a d'autres souffrances que celles qui proviennent de l'ignorance ou des vices de l'homme. La science et la vertu, si elles parviennent à diminuer considérablement les maux physiques, à rendre la vie humaine plus forte et plus belle, arriveront-elles jamais à exempter tout à fait des maladies, des accidents, des catastrophes produites par le déchaînement des forces naturelles ? D'autre part, Gratry connaît trop la nature humaine et ses faiblesses pour croire que l'ensemble des hommes parviendra à observer complètement et avec persévérance la loi morale, la loi de justice et d'amour. Que de fois le cri de ses craintes vient interrompre son hymne d'espoir !

Que veut-il donc dire, lorsqu'il prétend « que la terre ira toujours en s'approchant du ciel ? » (2). Il affirme seulement une fois de plus que le progrès est la loi de l'homme, que celui-ci est un être perfectible « qui a pour devoir le progrès, ou du moins l'effort vers une vie plus haute, vers la justice, la vérité, la liberté » (3). C'est le caractère du progrès d'aller sans cesse vers le but marqué. Mais n'oublions pas que ce but, pour Gratry, est le Bien, la Vérité, la Liberté par excellence, l'Infini. Le terme vers lequel s'avancera

---

(1) Toujours réserve faite de la libre volonté humaine, que Gratry ne cesse d'affirmer : « L'humanité n'a, pas plus que chaque homme, une destinée fatale, inévitable, dans la sphère du bien et du mal. L'humanité est libre, elle peut choisir. Le genre humain finira bien ou mal, comme il voudra ». *Mois de Marie*, p. 34.

(2) *La Morale et la loi de l'Histoire*, II, p. 375.

(3) *La Morale et la loi de l'Histoire*, I, 275.

l'humanité, « si elle demeure dans la loi », est donc une limite idéale dont elle peut approcher toujours sans l'atteindre jamais ; c'est assez dire qu'elle ne saurait réaliser ici-bas la perfection de la vertu, ni jouir de la Vérité et du bonheur parfaits, pleinement possédés. Veut-on en être mieux convaincu encore ? C'est seulement au jugement dernier, à la fin du monde, que Gratry voit les bons enfin délivrés des méchants (1). C'est au même moment suprême que sera possible l'union parfaite des hommes, où Gratry ne cesse de trouver le bonheur, le progrès de l'humanité (2).

Il faut donc renoncer à voir en Gratry sociologue un théoricien chimérique enivré de ses rêves. S'il en fait quelques-uns, parfois, ceux-ci ne touchent pas au fond de sa doctrine. Si sa philosophie sociale est trop exclusive dans ses vues libérales, si elle ne se préoccupe pas assez de l'application détaillée des principes qu'elle propose et des conditions pratiques particulières de leur réalisation, elle est loin de consister en envolées aventureuses et d'habiter le royaume d'Utopie. Ne ferait-elle que déterminer avec force et clarté le fondement du progrès social, et montrer que la vertu, c'est-à-dire « la justice, est le fond du monde et la force directrice de l'histoire » (3), on ne saurait refuser d'en reconnaître la valeur. Elle indiquerait la norme suprême hors de laquelle l'humanité ne peut croître et se développer, hors de laquelle le travail, le talent, la science, la richesse finissent par devenir funestes. Mais elle fait plus, nous l'avons vu : elle marque hardiment les conclusions qu'il faut tirer de la *Loi*, les directions qu'elle donne aux in-

---

(1) « Tous les bons cœurs, tous les hommes de bonne volonté, dans la consommation des choses, seront enfin délivrés des odieux et pervers destructeurs de l'amour, qui, depuis l'origine, ont maculé l'histoire, et corrompu les siècles, et couvert notre belle demeure de larmes et de sang. » *Commentaire sur l'Evang.* p. 332. — « Il viendra, dis-je, un jugement final où les justes seront délivrés, où ceux qui dévoraient la vie du genre humain dans la perversité du vice et dans la cruauté féroce de l'égoïsme se verront tout à coup privés de cette substance des pauvres et de cette sève des bons dont ils vivaient dans leur luxure. » *Mois de Marie*, p. 333.

(2) « Mais quand les hommes s'uniront-ils d'une manière parfaite ? Quand l'humanité sera mûre et quand, à l'heure de la moisson, les anges arracheront l'ivraie, et la jetteront hors du champ, pour unir en gerbes serrées les enfants de lumière que séparait la présence des méchants. » *Méditations inédites*, pp. 136-137.

(3) *La Morale et la loi de l'Histoire*, I, p. 199.

dividus et aux nations. Et elle se montre singulièrement perspicace
au sujet de l'avenir vers lequel les sociétés sont en marche ; elle
discerne admirablement leurs aspirations et leurs tendances vers
un progrès de justice sociale plus complète.

C'est quelque chose que d'enseigner des vérités fondamentales
et d'en dégager les conséquences ; c'est mieux encore de les faire
aimer et de conduire à les vouloir. C'est là l'ambition de Gratry.
S'il instruit, ce n'est pas dans un souci tout intellectuel des vérités
qu'il expose. Il songe surtout à procurer leur application. Pour
cela, il faut exciter l'humanité à l'effort, non pas l'humanité insaisissable et abstraite, mais chacun des hommes qui la réalise. Car
la transformation sociale repose en définitive sur la volonté individuelle. Gratry fait vivement sentir à chaque âme sa noble et
grave responsabilité dans l'œuvre du progrès de la société. « Le
monde peut changer si vous changez » (1), répète-t-il sans cesse
à tous. Quelle splendide et redoutable tâche que celle de l'homme,
être social, qui ne s'abaisse pas seul, mais qui ne s'élève pas seul,
non plus, et soulève avec lui, vers la vertu et le bonheur, les hommes
ses frères ! Nul mieux que Gratry n'a mis en lumière la grandeur,
la beauté de ce rôle, les motifs qui excitent l'homme à le remplir
en s'améliorant lui-même et, aussi, en se dévouant de toutes ses
forces aux progrès du monde vers la liberté, dans la justice, dans
la lumière, dans la vie.

Tout le cœur, toute l'âme de Gratry, passionnée pour l'humanité, s'élance dans ces exhortations au devoir, à l'action, au sacrifice. Il semble, en lisant ses livres, qu'on le voit parcourir les
rangs de la foule immense, lui jetant les appels de sa parole
éloquente, la pressant de la voix, du geste, de l'exemple. En même
temps, son regard cherche, dans cette multitude, l'élite capable
de se donner totalement, de consacrer son intelligence, ses talents,
ses richesses, sa vie entière au bien des hommes ; capable de se
développer dans la pleine beauté morale, le courage, la bonté,
la clairvoyance, l'amour, l'infatigable ardeur et l'élévation de la
vie. A tous, il ne cesse d'assurer sa conviction du succès de leur
grande entreprise, son inébranlable attente d'un avenir qui sera
meilleur, s'ils le veulent.

Et ces hymnes de confiance qui s'élèvent dans son œuvre, et dont

_____

(1) *Commentaire sur l'Évang.*, I, p. 70.

on lui a reproché l'enthousiasme, elles sont un encouragement
à l'effort. Ne sait-il pas qu'on ne se dévoue pas à ce qu'on juge
inaccessible ? Que le ressort du labeur, c'est l'espérance de ses
fruits ? Il sait aussi que l'effort, comme la flèche que tire l'archer,
s'incline dans sa course et touche le but au-dessous du point visé.
C'est pourquoi il porte très haut les regards de l'homme, il lui
présente un magnifique et complet idéal afin que, s'il ne peut
l'atteindre, il arrive au moins à en approcher.

Ainsi, la philosophie sociale de Gratry n'est pas seulement une
doctrine. Elle est l'action ardente d'une âme généreuse qui vit
ses convictions et souhaite de les faire vivre. De là sa puissance
impulsive. Elle secoue les égoïsmes ; elle éveille les plus nobles
énergies. Par cette influence, non moins que par les vérités
qu'elle enferme, elle contribue à ce progrès social que Gratry a
souhaité avec tant de ferveur et auquel, dès sa jeunesse, il s'était
voué.

Vu :

Le 16 juillet 1916.

Le Doyen de la Faculté des Lettres
de l'Université de Clermont-Ferrand,

Aug. AUDOLLENT.

Vu et permis d'imprimer :

Clermont-Ferrand, le 24 juillet 1916.

Le Recteur de l'Académie de Clermont-Ferrand,

Ch. CAUSERET.

Table des Chapitres

~~~~~~~

~~~~~~

IMPRIMERIE PIERRE DUMONT, 3, RUE DU CLOCHER, LIMOGES

www.ingramcontent.com/pod-product-compliance
Lightning Source LLC
Chambersburg PA
CBHW052220270326
41931CB00011B/2430